同盟"一帮一"方碑村灾后重建项目奠基仪式

 方碑村奠基

 同盟 "一帮一"方碑村灾后重建项目 第一期房屋交付仪式

 地震后的方碑村

 何志毅教授在新方碑村

 同盟于2008年8月8日组织专家召开
北川重建顾问座谈会

 同盟"甘露工程"之北川
干部心理培训项目

 同盟会长会议于2008年6月20日在上海召开

 同盟与AccountAbility,GTZ共同主办的AA1000审验标准研讨会于2008年6月13日在北京召开

 同盟在CEO圆桌会议期间组织的企业社会责任论坛

 北川民族中学捐赠仪式

 同盟北川羌语艺术团
感恩之旅　四川专场

 同盟北川羌语艺术团
感恩之旅　山东专场

 同盟北川羌语艺术团
赴台演出

 同盟全国巡讲　山东专场

 同盟全国巡讲　四川专场

 都江堰心理疏导一期老师、学员合影

 民族中学教师绵阳心理辅导班合影

【IBM】小朋友利用"小小探索者"软件学习

【IBM】铜仁学院的学生正在使用"英语伴读学习软件"

【IBM】IBM志愿者在中国科技馆发展"放眼看科学"科普项目

 【TCL】向灾区捐赠视听设备和运动器材

 【TCL】辅导灾区学生打网球

 【TCL】在板房社区设置的简易图书室

 【TCL】爱心运动会乒乓球比赛

 【均瑶】成立均瑶志愿者协会

国际广场环保行动

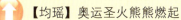 【均瑶】奥运圣火熊熊燃起

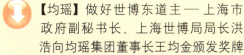 【均瑶】做好世博东道主——上海市政府副秘书长、上海世博局局长洪浩向均瑶集团董事长王均金颁发奖牌

 【平安】慈善公益活动

 【平安】中国平安希望小学支教行动

 【平安】祝福中国平安2008

 【思科】母亲节网络千里传真情

 【思科】思科北京分公司员工捐助花厂峪
思科员工希望小学

 【腾讯】腾讯公益慈善基金会捐建大熊猫兽舍获捐赠证书

 【腾讯】腾讯公益基金会捐建大熊猫兽舍揭牌

 【腾讯】腾讯公益五千万启动"腾讯新乡村行动"

 【腾讯】网聚公益的力量——腾讯网络志愿者平台的公益之道系列活动"关爱生命万里行"志愿者们在当地进行义诊

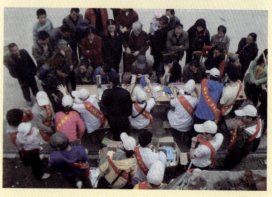

【万科】万科捐建：
遵道幼儿园

【万科】万科捐建：
遵道学校

【万科】万科捐建：
遵道卫生院

【万科】万科捐建：
向峨乡政务中心

【招行】在招商银行的支持下原本无法参加2008年全国希望小学运动会的西藏队和云南队都取得了很棒的成绩

【招行】2008年8月招商银行带领来自地震灾区和希望小学的30名孩子亲临奥运现场看北京

共青团中央　全国青联　国际劳工组织
KAB创业教育（中国）项目第二期培训师培
承办:北航创业管理学院　江西师大商学院创业教育中心　协办:江西省高校创业教育研究与指导

【诺基亚】举办的第二期KAB培训师培训班
学员喜获证书

【诺基亚】中国青年创业
国际计划（YBC）

 【广本】安全中国行

 【广本】广汽本田向北川职业学校捐赠教学设备

 【广本】延续梦想 绿色未来

何志毅 金子璐 郭 毅/主编

中国企业
社会责任发展报告
China Corporate Social Responsibility Development Report

(2008~2009)

经济管理出版社
ECONOMY & MANAGEMENT PUBLISHING HOUSE

图书在版编目（CIP）数据

中国企业社会责任发展报告. 2008~2009/何志毅主编.
—北京：经济管理出版社，2009.11
ISBN 978-7-5096-0795-4

Ⅰ.①中… Ⅱ.①中… Ⅲ.①企业—社会—职责—
研究报告—中国—2008~2009 Ⅳ.①F279.2

中国版本图书馆 CIP 数据核字（2009）第 194246 号

出版发行：**经济管理出版社**

北京市海淀区北蜂窝 8 号中雅大厦 11 层

电话：(010)51915602　　　邮编：100038

印刷：北京瑞哲印刷厂　　　　　　经销：新华书店

组稿编辑：陈　力　　　　　　责任编辑：陈　力

技术编辑：杨国强　　　　　　责任校对：超　凡

720mm×1000mm/16　　彩插 16 页　　9.75 印张　　130 千字
2009 年 11 月第 1 版　　　　　2009 年 11 月第 1 次印刷

定价：45.00 元

书号：ISBN 978-7-5096-0795-4

序　言

　　随着信息化、全球化的快速发展，企业的运营方式发生了深刻变化，相互之间的联系与协作更加紧密，风险传导也随之更加容易和迅猛。由于个别企业或经济组织不负责任的经营行为，最终引致整个行业灾难性危机的案例不断发生。当前仍在影响着全球的金融风暴就是一个典型案例。

　　究其原因，就在于相关企业和机构商业伦理沦丧、过度追求短期利益，其结果不仅使自身遭受重创乃至倒闭的灭顶之灾，而且严重损害了整个经济金融体系的健康稳定。因此，在信息化、全球化的时代背景下，企业积极履行社会责任，不仅是维护自身健康稳健发展的客观要求，也是维护社会经济金融稳定的内在要求。

　　管理大师彼得·德鲁克曾经说过，"企业并不是为自己的目的，而是为着实现某种特别的社会目的，并满足社会的某种特别需要而存在着的"。这意味着，作为一种人格化组织的企业，对于其所处社会系统的要求和期望，负有作出回应的义务，必须承担相应的责任。然而，企业履行社会责任不等同于乐善好施，也不局限于扶危济贫，更多地应该从企业自身的优势出发，为保护环境、造福人类，作出积极的贡献。

　　我们欣喜地看到，近年来，越来越多的中国企业开始联合起来，把关注社会进步和经济发展作为一种共同的价值追求，主动投身于社会责任运动之中。国内一大批以中国企业社会责任同盟为代表的NGO组织应运而生，旨在联合全社会的力量，为构建和谐社会做一些有意义的事情。

　　《中国企业社会责任发展报告》（2008~2009）是中国企业社会责任同盟发布的年度企业社会责任报告，详细介绍了当前国外企业社会责任理论研究前沿成果、主要观点以及本土企业社会责任优秀案例，有助于人们了解、认识企业社会责任并增强社会责任感，对我国企业社会责任理论和实践的发展，必将起到积极的推动作用。

马蔚华

2009 年 10 月

企业社会责任与中国特色社会主义

中国企业社会责任同盟正式成立三年了，从筹备算起四年了。2008 年发生的四川大地震和三聚氰胺事件使得企业社会责任受到了全社会的强烈关注，因而使"企业社会责任"成了热点名词。这对推动企业社会责任事业无疑是有益的。

同盟成立时明确了三个目的：研究企业社会责任在中国的特点和实践；宣传推广企业社会责任理念；组织成员企业可以共同参与的标志性公益活动。四年来，同盟围绕这三个目的展开了大量的活动，可以说不辱使命。

企业社会责任在中国具有特别重要的意义，主要在于三个方面：

第一个方面，因为我们是社会主义国家。社会主义不仅是一种制度安排，更是一种理念，是一种以追求社会公平为最高目标的理念。当资本主义和社会主义国家都使用市场经济作为基本经济制度，都承认和保护私有财产时，商业组织和商人的社会责任就显得尤为重要。那么，社会主义国家和资本主义国家的重要区别之一在于商业组织和商人是否具有最终追求社会公平的理念。从推理而言，社会主义国家的商业组织和商人的企业社会责任理念和实践水平应该高于资本主义国家的商业组织和商人。

第二个方面，一代伟人邓小平曾说过，贫穷不是社会主义。我们是在经济的发展中、在走向富裕的过程中追求社会公平。企业社会责任是在企业的发展和社会的发展中不断地解决企业与社会的问题，使得企业与社会的关系更加和谐。西方发达国家在企业与社会的关系方面走过了 200 多年的历程，它们在不同时期相应地、相对地解决了商业诚信问题、合理税赋问题、劳资关系问题、慈善捐赠问题、环境保护问题、资源节约问题、利益相关者问题。中国 30 年的经济成长取得了西方国家 200 年发展所取得的成就，但也积累了人家 200 年发展中所产生的问题，其中很重要的是企业和商业的发展所带来的社会问题。这些问题一方面要靠社会和政府通过法律规章解决，另一方面也要靠企业自觉地解决这些问题。

第三个方面，中国存在不同形态的企业组织，相互之间差别很大，在承担社会责任的方面差别也很大。如国有企业、跨国公司、股份制公司、民营企业、个体企业等，无论在实力、发展阶段、视野、政策环境、管理水平等方面都存在很大的差别，企业社会责任的含义、内容、面临的问题，对于不同类别企业而言差别很大，环境可能完全不同。因此，我们要探索出一条具有共同理念但分路并举的企业社会责任道路。

总而言之，鉴于中国是社会主义国家；鉴于中国 30 年的发展也积累了西方发达国家 200 年发展过程中积累的企业与社会的问题；鉴于中国企业类别的差异性，中国的企业社会责任具有特殊的含义和特殊的内容，企业社会责任是中国特色社会主义建设的重要组成部分。中国企业社会责任同盟将为此长期奋斗！

何志毅

2009 年 10 月

《中国企业社会责任发展报告》(2008~2009)

简　介

　　中国企业社会责任同盟是企业、学者、专业从业人员的聚合体。作为直接从事社会责任的专门机构，同盟的主要职能定位为理念宣传、学术研究、公益事业三个方面。《中国企业社会责任发展报告》(2008~2009) 是中国企业社会责任同盟例行发布的年度企业社会责任报告。本报告的编写目的在于介绍当前国外企业社会责任理论研究前沿成果和主要观点，并通过编写 2008~2009 年本土企业社会责任案例，以案例为载体宣传企业社会责任理念，普及企业社会责任知识。

　　《中国企业社会责任发展报告》(2008~2009) 主体内容分为四大板块。第一章主要介绍国外企业社会责任理论研究的前沿动态，重点说明当前国外该领域关于"基于全球供应链的企业社会责任"、"中小企业社会责任"、"发展中国家的企业社会责任"、"作为发展战略的企业社会责任"等国外学术界关注的主题研究近况。第二章通过案例说明现阶段我国企业社会责任推行的外部环境，包括政府机构、非政府组织、行业协会和普通公民推动企业履行社会责任的行动。第三章是本报告的主体，展示中国企业社会责任同盟会员企业在 2008~2009 年度的社会责任实践行动。中国企业社会责任同盟由一批秉承共同社会责任理念、拥有相应责任行动能力的优秀企业组成，同盟会员企业的行动代表着我国现阶段企业社会责任实践的主流方向和基本行动模式。第四章精选了同盟电子刊物《盟集》内的部分文章，试图从不同的视角去阐释企业社会责任的内涵。

　　《中国企业社会责任发展报告》（2008~2009）主要针对企业中高层管理人员、企业社会责任研究人员和关注中国企业社会责任发展状况的读者群体。本书具备相应的理论高度，具有一定的学术价值，同时书中案例生动，行文流畅，又具有较高的可读性和趣味性。

目　录

第一章　国外企业社会责任理论研究前沿问题

本章主要通过文献研究，对近年来国际学术界关于企业社会责任的主要理论及其讨论的几个前沿性问题进行梳理与概括。

一、基于全球产业链的企业社会责任

当前企业社会责任的基本理念、主要内容、实施方式等在很大程度上是通过全球产业链进行宣传推广的。本部分内容主要是通过对国外文献的研究，总结这一企业社会责任"传播机制"的主要特点。

(一) 企业社会责任通过全球供应链的传播特点

企业社会责任基本理念、推行模式和核心内容在当今世界范围内迅速传递，得益于经济全球化的发展和全球供应链的建立。我们知道，当前很大一部分全球贸易是在统一指挥系统的安排下有组织地进行的，这种系统通过各种采购活动和订单形式将不同国家和地区的企业联系在一起。Sobczak（2006）指出，这种"指挥"和"管理"行为往往是由供应链中发挥关键作用的一些大型跨国公司实施，这些跨国公司安排不同国家、不同地区和产业价值链不同环节上各个企业的职能分工和生产经营的具体数量配额，以提升整个协作系统的运行绩效。[①] Gereffi（1994，2001）认为，这些关键角色通常位于发达国家，他们不仅包括跨国制造商，而且还有大的零售商和名牌企业，这些跨国公司有权决定由谁生产、如何生产以及产品定价等，公司所持有的权力来源于其市场支配力量和对供应链中关键资源的控制。[②] 责任取决于能力和权力，Jenkins（2001）认为，既然跨国公司不具有所有权却能够远距离控制供应商，对产品质量、产品价格和交货期限等有强势的谈判力，他们同样也有能力和有权力对生产条件、环境影响等方面提出责任要求。这就是经济全球化条件下企业社会责任通过全球供应链途径传播的基本方式。[③]

上述社会责任推行方式最直接地体现于买方公司与其供应商的交易合同中。Welford（2005）指出，除了价格、质量、交货期限等传统条款外，合同中越来越多地加入了所谓"行为守则"（Codes of Conduct），它以文件形式规范供应商在一般市场交易基础上所希望附加的价值原则和行动要求。[④]"行为守则"的依据是与企业社会责任相关的地方法律以及国际公约、标准等，如联合国全球契约、全球苏利文原则、SA8000、ISO14001 系列标准、全球社会责任报告倡议、国际劳工组织宣言等。许多大型跨国公司还在合同中附加了行为守则的制定、推行、修改等方面的实施细则以及相应的管理办法。

（二）跨国公司在实施"行为守则"方面存在的问题

近年来，许多学者研究表明，跨国公司在全球供应链中实施其行为守则方面，存在一系列值得关注的问题。

Klein（2000，p.430）对行为守则的性质和推行机制提出批评，

① Sobczak A. Legal dimensions of international framework agreements in the field of corporate social responsibility [J]. RELATIONS INDUSTRIELLES–INDUSTRIAL RELATIONS. 2007, 62（3）：466-491.

② Gereffi, G.（2001），"Beyond the producer-driven/buyerdriven dichotomy. The evolution of global value chains in the internet era", IDS Bulletin, Vol. 32, No. 3, pp. 30-40.

③ Jenkins H. Small Business Champions for Corporate Social Responsibility [J]. Journal of Business Ethics. 2006, 67（3）：241-256.

④ Welford, R.（2005），"Corporate social responsibility in Europe. North America and Asia. 2004 survey results", Journal of Corporate Citizenship, No. 17, pp. 33-52.

他认为"行为守则非常圆滑"。因为行为守则在性质上并不等同于法律规范，也不像法律规范那样强制执行。行为守则的推行基础在于跨国公司相对于其供应商的强势谈判力，它反映了跨国公司所推崇的价值理念，但供应商所在国家有其自身的社会、经济、文化传统，亟待解决的主要社会问题在不同国家、不同时期也是千差万别的。这种源自跨国公司的单方面的社会责任要求，往往会使供应商企业无所适从。[①] Sobczak（2006）进一步研究指出，跨国公司设定行为守则往往是为了应对来自于不同利益相关者的压力，其中包括影响力逐渐提升的社会责任投资等，行为守则在实施过程中产生的矛盾和冲突，实质上体现了跨国公司母国和供应商所在国家之间的社会文化差异。因此，这种依托于全球供应链中经济谈判力不对等地位而实行的行为守则推行机制，违背了近年来学术界所强调的企业社会责任"自愿、自觉、自律"原则，也不能引导供应商企业通过自身的责任行为解决所在国家的主要社会问题。[②] Sethi（2002）则对行为守则进行批评，认为行为守则往往只表明某种崇高的意向、目的或原则，而没有具体内容，在操作要求方面也应当进一步实行有差异化的细化和量化，以适应不同行业、不同地区、不同规模的企业特点。[③]

还有一些学者对跨国公司如何在其供应链中处理企业社会责任的具体问题进行探讨。Carter & Jennings（2002）对美国一些跨国公司渗透社会责任性质的供应链购买行为进行考察，分析了这种社会责任要求模式所面临的主要驱动力、阻碍力和影响力，并进一步研究克服这些障碍的方法。[④] Welford（2005）对15个欧洲、北美和亚洲国家的企业社会责任政策进行分析对比，力求用政策差异说明全球供应链中

① Kolk, A. (2000), Economics of Environmental Management, Pearson Education, Harlow. p.430.

② Sobczak, A. (2006), "Are codes of conduct in global supply chains really voluntary? From soft law regulations of labour relations to consumer law", Business Ethics Quarterly, Vol. 16, No. 2, pp. 167–84.

③ Sethi, S.P. (2002), "Standards for corporate conduct in the international arena: challenges and opportunities for multinational corporations", Business and Society Review, Vol. 107, No. 1, pp. 20–40.

④ Carter, C.R. and Jennings, M.M. (2002), "Logistics social responsibility: an integrative framework", Journal of Business Logistics, Vol. 23, No. 1, pp. 145–80.

实行动态的、差异的、有针对性的行为守则的必要性。[①] 此外，国际劳工组织（ILO）还分析跨国公司和它们的供应商执行的各种管理制度，并对它们在实现行为守则目标过程中的具体措施和行动绩效进行评估。

（三）简要的总结

总之，正如 Roberts（2003）所指出的，尽管许多公司努力将企业社会责任融入到其供应链中，但当前依然存在道德标准与供应商实际条件之间的诸多方面差距。迄今为止，只有为数不多的跨国公司在其全球供应链中使社会责任摆脱单向度、强制性要求的意味。[②]

二、中小企业的社会责任研究

中小企业群体庞大，对社会生活产生重要影响，中小企业在资源节约、环境保护、劳工待遇等方面的问题引起人们的广泛关注。但当前许多学者指出，传统的企业社会责任（CSR）的研究对象主要是针对大型公司制企业（Corporate），而中小企业在承担社会责任的意愿、能力和声誉回报等诸多方面与大型企业存在明显的区别。针对中小企业的企业社会责任（SBSR，Small Business Social Responsibility）研究已成为当前国外企业社会责任研究的重点和热点。本部分内容主要是对研究中小企业社会责任特点难点、核心问题及推行机构进行研究总结。

正如 Murillo & Lozano 所指出的，在最近几年，公众和政府对于推进企业社会责任建设的重点已转向数量庞大的中小企业群体

---

① Welford, R. (2005), "Corporate social responsibility in Europe. North America and Asia. 2004 survey results", Journal of Corporate Citizenship, No. 17, pp. 33–52.

② Roberts, S. (2003), "Supply chain specific? Understanding the patchy success of ethical sourcing initiatives", Journal of Business Ethics, Vol. 44, Nos. 2/3, pp. 159–70.

（SMEs）。① 中小企业群体内在特征差异明显，自然成为当前国外企业社会责任差异化研究的关注对象；同时中小企业的企业社会责任研究对于促进环境保护、劳工待遇、产品质量安全等方面具有重要意义。Spence & Lozano 在阐明中小企业企业社会责任研究意义时指出，以欧盟国家为例，中小企业占欧盟企业总量的95%以上，提供超过66%的就业岗位，欧盟国家经济增长一半源自中小企业的贡献。但在以往的企业社会责任研究中，中小企业的企业社会责任问题却几乎被完全忽略了，"这是极不合理的"。② 因此，应当区别于以往的"CSR"，专门设定"SBSR"（Small Business Social Responsibility），即小型企业的企业社会责任研究纲领与范围。

（一）中小企业承担社会责任的特点

Heledd Jenkins 指出，早期学术界关于企业社会责任（Corporate Social Responsibility）的研究对象主要是"Corporate"，即公司制企业，这类企业的治理结构大体相同或相似，企业社会责任的研究目的主要致力于推进标准化和规范化。中小企业不仅在规模上区别于大型公司制企业，而且群体内部在产权结构、治理模式、运行特点以及所面临的市场状况等诸多方面存在十分明显的差异。大型企业的标准化、规范化模式并不适用于中小企业。

Heledd Jenkins 通过对 24 家不同地区、不同行业最具代表性的中小企业的研究，将中小企业承担社会责任的特点归结为以下几个方面：

（1）中小企业最常见的形式是"所有者自我经营型企业"（Owner-managed firm），正如博尔顿所指出的，中小企业在治理方面往往存在某种个人风格，缺乏规范的治理结构。在企业社会责任决策的制定与实施等各方面，企业主拥有相当大的自主权。中小企业行为特征根据所有者——经营者个性风格、经营理念的不同，差别很大，这对于企业的社会责任行为有较大影响。

---

①② Murillo D., Lozano J.M. SMEs and CSR: An approach to CSR in their own words[J]. JOURNAL OF BUSINESS ETHICS. 2006, 67 (3): 227-240.

（2）中小企业的社会责任行为具有明显的利益相关者导向性。中小企业不具备大型公司制企业的广泛社会影响，因此它们的社会责任行为的受益对象并不是普遍的社会大众，而是具体企业的具体利益相关者。Heledd Jenkins 在调查中发现，尽管许多中小企业主理解什么是企业社会责任，但他们往往不认为他们具有某些利他性质的决策可被称为是在承担"社会"责任。此外，中小企业在经营利益相关者关系上不如大型企业那样正式、规范，它往往以信任为基础，带有直觉判断和企业主的个性色彩。中小企业如何管理核心利益相关者关系往往影响中小企业履行企业社会责任的方式。

（3）和大型企业一样，中小企业也有公示它们的社会责任行为并得到社会认同的意愿。但不同规模、不同行业以及不同发展阶段的中小企业，其关键资源和核心利益相关者各不相同，它们的企业社会责任模式差异很大，因此无法设定某种度量中小企业企业社会表现的统一标准。例如，针对大型公司制企业进行的企业社会表现和企业财务绩效的相关性（CSP-CFP）研究，无论是在指标选择、模型设计、测量方法和基本结论等方面，都不适合于中小企业。但政策制定者、非政府组织、学者以及中小企业自身都认识到，要使履行企业社会责任更具系统性，这一过程是完全必要的。

（4）大多数中小企业承担社会责任的能力不如大型企业，中小企业面临的履行企业社会责任上的关键挑战是时间、资源以及大量雇员人力投入所带来的损失，这造成中小企业在经营利益相关者关系方面缺乏持久的能力，影响了利益相关者和社会对中小企业的社会责任评价。[①]

（二）中小企业履行社会责任的行为动因

Lepoutre，J. & Heene，A.（2006）通过对近年来大量关于中小企业社会责任研究文献进行分析后认为，一方面，中小企业通常被认为在创造就业机会、拉动经济增长和引入创新等增进社会福利方面作用

① Jenkins H. Small Business Champions for Corporate Social Responsibility [J]. JOURNAL OF BUSINESS ETHICS. 2006，67（3）：241-256.

显著，因此中小企业的社会责任表现经常处于利益相关者的关注与监督之下，具有一定的外在他律特点；另一方面，对于许多中小企业来说，拥有一个好名声对于它们的竞争力极其重要，因此中小企业在尊重利益相关者意愿，采取企业社会责任行为方面存在着一定的自觉履约机制。①

Spence & Rutherfoord（2005）认为，中小企业经营者的行为动机十分复杂，存在着多方面因素的影响，而不仅仅是为了赚钱。根据中小企业主的经营理念以及承担社会责任的意愿强弱，他们将中小企业区分为四种类型：

（1）利润最大化优先型：这类企业将实现最大化利润视为企业经营的最高理念。

（2）生存优先型：这类企业力求保证自身资源安全，维持某种既定的生存发展水平，以此实现长期生存。

（3）有觉悟的自我利益优先型：积极参与社会事务，所有者——经营者能清楚意识到这将对他们的企业产生积极、正面的影响。

（4）社会优先型：社会价值和社会行为渗入企业生活，在原则地位上优于利润最大化。②

中小企业在核心价值和经营理念上的不同，直接决定了它们的社会责任表现。Heledd Jenkins（2007）在调研中小企业履行社会责任意愿差异时发现了一个有趣的问题，即个别中小企业出现社会责任"外包"现象：企业主出于节约成本、外在压力或者其他方面的考虑，将社会责任项目承包给承担某项社会职能的专门机构，由它们代为履行。调查问卷表明，中小企业主们对这一现象的态度差别十分明显。③
Spence & Rutherfoord（2005）指出，政策制定者和相关组织在力图影响中小企业商业伦理并将它们纳入企业社会责任整体规划时，应该认

---

① Lepoutre J, Heene A. Investigating the impact of firm size on small business social responsibility: A critical review [J]. JOURNAL OF BUSINESS ETHICS. 2006, 67（3）: 257–273.

② Spence, L. J. and R. Rutherfoord: Social Responsibility, Profit Maximisation and the Small Firm Owner Manager, Journal of Small Business and Enterprise Development, 2000, 8（2）: 126–139.

③ Jenkins, H.: A Critique of Conventional CSR Theory: An SME Perspective, Journal of General Management, 2004, 9（4）: 55–75.

真考虑中小企业在经营理念上的这些差异。[①]

（三）中小企业社会责任的推行模式

由于中小企业在企业社会责任方面的动机和行为表现复杂，许多学者认为，在中小企业中推行企业社会责任，政策制定者应当调整思路，放弃外在规范模式，注重中小企业的自主选择，积极创造有利于中小企业开发适合自身特点的企业社会责任模式的环境和氛围。

当前，在欧洲一些国家推行的"奖励计划"（Award Schemes），引起许多研究中小企业企业社会责任学者的关注。所谓"奖励计划"，是指政策制定部门和公共机构通过商业联合会之类的组织，设定共识性企业社会责任基本准则，为中小企业创造向其他成功履行社会责任的企业学习和获取专家建议的机会，在中小企业群体内部形成一种同伴激励、经验分享、相互促进的积极反馈系统。"奖励计划"充分考虑了中小企业群体的内在差异，为中小企业提供了根据自身特点自愿选择的空间。同时还降低了中小企业模仿行为的进入壁垒，企业管理者有机会接近履行企业社会责任较好的其他企业，了解它们是如何面对资金、人员等方面的约束，建立企业社会责任和企业财务绩效之间的正向联系，也将自身成功的经验与别的企业分享。目前针对中小企业成功实践的"奖励计划"，主要有英国的"英联邦内部企业"（Inside U.K. Enterprise）计划和意大利的"企业社会责任——社会承诺"（Corporate Social Responsibility—Social Commitment，CSR—SC）计划。

此外，中小企业承担社会责任并不意味着排斥其逐利要求，要使承担社会责任成为中小企业的内在自觉行动，政府和民间组织还可以利用中小企业善于把握市场时机、具有灵活市场适应能力的特点，引导和支持中小企业开发一些包含社会价值理念的产品和服务，例如，生产有环境保护功能的产品，提供关爱性质的慈善服务。这类产品和服务渗透着诸如可持续发展、教育、环保等社会价值理念，在性质上

---

① Spence, L. J. and R. Rutherford: Social Responsibility, Profit Maximisation and the Small Firm Owner Manager, Journal of Small Business and Enterprise Development, 2000, 8（2）: 126–139.

不具有规模化特点，无法纳入大型企业的企业社会责任计划，但对于中小企业而言往往意味着承担社会责任和创造价值利润相统一的机遇。

三、发展中国家的企业社会责任研究

（一）发展中国家企业社会责任的兴起与特点

企业社会责任运动是 20 世纪六七十年代由欧美发达国家发起的，但当前发展中国家的企业社会责任状况成为全球关注的重点。另外，一个国家的企业社会责任状况与该国市场经济发展阶段紧密相关，发展中国家推行企业社会责任应充分考虑该国现阶段经济文化发展水平，否则社会责任容易变为一种针对发展中国家企业的单向度、外生性道义强求，这将违背企业社会责任自觉、自愿、自律的基本原则。

当前企业社会责任的标准化、规范化研究进展明显，这在很大程度上降低了交易伙伴之间的社会责任认证审核成本。但一味推进社会责任的标准化、规范化，容易造成企业社会责任项目雷同，造成"社会责任资源"浪费，并且企业所实施的社会责任项目与企业特质相关性不大，将影响企业履行社会责任的可持续性。企业社会责任的推行根本上应当诉诸企业的自觉自愿，而自愿自觉的前提又在于"合适"。如何在企业社会责任共识性的基本内容要求框架下，使社会责任具体实行项目与企业资源特点和战略规划相结合，成为理论界研究的又一热点。

早期企业社会责任运动在发达国家兴起，国家之间存在相同或相似的政治、经济、文化背景；而企业社会责任由发达国家向发展中国家推行主要通过全球产业链和贸易关系途径，体现为发达国家对发展中国家单向度的社会责任要求。因此，近半个世纪以来在企业社会责任运动发展历程中，企业界和学术界对于企业社会责任基本内容、推行模式的统一性、标准化取向给予充分的肯定和强调。作为规范企业社会责任发展的重要手段，在企业社会责任评价指标体系设计与推行上，无论是联合国"全球契约"还是由 NGO 组织发起的 SA8000、AA1000 标准，人们默认了这些标准要求的全球普适性特征，在相当程度上忽视了不同国家历史传统、所处地域、经济社会发展水平等方面的不同，以及由此产生的适用这些评价指标过程中产生的各类问题。

近几年来，企业社会责任内容要求和评价指标设计的国别差异问题引起该领域许多学者的重视。Matten & Moon（2004）被认为是最早将企业社会责任与其所处国家国情背景相联系进行研究的学者，他们认为，自由市场经济体制内的企业倾向于采取显在的企业社会责任形式，因为自由市场经济体将相当大比例的社会责任问题留给了企业判断决策。社会责任成为企业的一种经营战略，企业面临着来自声誉等方面的激励与约束。相反，在所谓"计划合作经济体"内，社会和环境责任则被嵌入制度和法律构架，并受制度与法律的规制，这在一定程度上降低了向公众明确告知企业贡献的必要性。Matten & Moon（2004）的这项研究开启了企业社会责任模式与国情特点和国家政治经济制度环境相关性研究。①

（二）发展中国家企业社会责任的评价：理论与实证

首先，在理论研究方面，学者们致力于论证基于发展阶段不同和国情特点不同，构建有差别的企业社会责任评价指标体系的必要性。Blowfield（2005）强调一个国家的政治经济结构对企业社会责任行为的决定作用，认为一个国家所面临的主要社会问题不同，国家、社会和民众对企业的社会责任的期盼也不同，这些都将在该国的政治经济制度上反映出来，因此评价指标体系的设计应当适应本国国情特点，结合本国的政治经济制度要求，设计目的在于引导企业行为致力于解决国别范围内关键的社会问题。该文建议以国别为单位，建立指标体系，并根据国家的差别设置权重，建构一个能够涵盖不同政治经济环

---

① Matten D, Moon J. Stakeholders as citizens? Rethinking rights, participation, and democracy[J]. JOURNAL OF BUSINESS ETHICS. 2004, 53（1-2）: 107-122.

境的企业社会责任评价体系。[①] Midttun，Gautesen & Gjolberg（2006）认为，一个国家社会、经济、文化、法律、政治等方面的发展将对企业社会责任的主要内容、运行方式和评价体系产生根本影响，该文力求从一个国家既往几十年的政治经济制度演化历史探求企业社会责任现行评价体系的形成依据。但上述研究仅用有限的几个国家和个别案例支持国家国情特点与企业社会责任评价指标体系之间的相关性，在支持理论的一般性和所阐述观点的规律性方面稍显不足。[②]

其次，在实证研究方面，学者们主要针对不同国家之间政治经济制度、国家权力结构差异和企业社会责任内容要求之间的相关性进行横向比较，并由此提出建立适应国情特点的企业社会责任评价指标体系的"应然"路径。Habisch，Jonker & Wegner（2005）在《欧洲的企业社会责任》一书中，对 23 个欧洲国家的企业社会责任评价指标进行各个陈列和横向对比说明，该书用 7 个图形、18 个表格以及详尽的文字，列举说明这 23 个国家企业社会责任评价指标体系中的一些主要数据，并对经验材料进行国家之间的横向比较。[③] Maria Gjolberg（2009）认为该书可能是迄今最为系统的对企业社会责任评价指标进行描述和比较的论著。除此之外，近年来，基于国别基础的企业社会责任评价指标体系比较研究越来越受到许多学者的重视，如 Brammer & Pavelin（2005），Albareda，Tencati，Losano & Perrini（2006）[④] 等，但这些研究所针对的国家样本太少，并且仅停留于经验描述，很少联系国情特点和既有的国家政治经济制度说明企业社会责任评价指标体系的差异。

当前，较成功地结合国情特点和企业社会责任评价指标体系差异

---

① Blowfield M，Frynas J G. Setting new agendas: critical perspectives on Corporate Social Responsibility in the developing world [J]. INTERNATIONAL AFFAIRS. 2005，81（3）：499–513.

② Midttun，A.，Gautesen，K.，a Gjolberg，M.（2006）. The political economy of CSR in Western Europe. Corporate Governance–The International Journal of Business in Society，6（4）：369–385.

③ Habisch，A.，Jonker，J.，& Wegner，M.（2005）. Corporate social responsibility across Europe. Berlin：Springer.

④ Albareda，L，Tencati，A.，Losano，J. M.，& Perrini，F.（2006）. The government's role in promoting corporate responsibility: A comparative analysis of Italy and UK from the relational state perspective. Corporate Governance，6（4）：386–400.

进行系统分析，具有较强理论解释力和较为深入实证研究的文献是 Maria Gjolberg（2009）发表的论文《测量不可测量者？在 20 国范围内构建测评 CSR 实践及绩效的指标体系》，该论文以当前比较政治经济学关于"资本主义多元化"问题的研究成果作为理论基础，说明发达国家在政治、经济、文化和社会发展特点方面的国别差异的深层次根源；认为企业社会责任存在清晰的国别模式，企业的国别特征对企业社会责任实践和绩效将产生重要影响，社会责任评价指标体系的构建必须适应和尊重这一特点；该论文深入讨论各项指标的作用，并对欧盟 15 国及瑞士、挪威、日本、美国、加拿大、澳大利亚这 21 个发达工业化国家各自的社会责任评价指标进行分析，在此基础上将其综合为一套适用于发达资本主义工业化国家的企业社会责任评价指标体系，并根据不同国家经济规模、主导产业、市场环境等方面的不同对各项指标进行权重上的调整，以期最大限度适应国情特点。Maria Gjolberg（2009）的研究在概念界定和技术选用等方面具有重要借鉴意义，但该项评价指标体系的构建是以资本主义市场经济的核心价值为基础和导向，以发达工业化经济形态为研究和总结对象，这并不能直接适用于社会主义国家和新兴市场经济国家。[1]

四、作为企业发展战略的企业社会责任研究

（一）关于企业社会责任的两种传统解释

长期以来，对于企业承担社会责任的性质与意义，一直存在两种主要观点的对立。一种观点称为"自利论"，以 Theodore Levitt（1958），Milton Friedman（1970）为代表，它以传统主流经济学为理

---

[1] Gjolberg M. Measuring the immeasurable? Constructing an index of CSR practices and CSR performance in 20 countries [J]. SCANDINAVIAN JOURNAL OF MANAGEMENT. 2009, 25 (1): 10-22.

论基础，否认企业承担社会责任的必要性，认为企业的所有决策都应遵循追求利润最大化这一根本原则；经营者让企业承担所谓"社会责任"，是对股东利益的背叛和对企业资源的"误用"（misuse）。另一种观点称为"道义论"，以 Frederick（1960），McGuire（1963），Carroll（1979），Donaldson & Davis（1991）等为代表，这种观点以契约理论为基础，认为社会责任是企业所处社会经济环境对企业的一种外生性的非正式制度要求，强调企业自身利益与社会公共利益之间的统一性，肯定企业承担社会责任的道德意义。上述两种观点各有长短，长期争论不休。"自利论"在理论上可以很好地说明企业不承担社会责任的理性行为，但却无法解释实际经济生活中普遍存在的企业自觉承担社会责任的事实；"道义论"证明企业承担社会责任是通过企业自身解决外部性问题的一条重要途径，但"社会责任"却成了社会对企业的一种外在"勒令"，因而不能说明企业主动履行社会责任的自觉性依据何在。

（二）企业资源基础理念与利益相关者理论的兴起

20 世纪 80 年代以来，现代企业理论中的企业资源基础理论和利益相关者理论的发展，为企业社会责任的经济学解释奠定了新的基础，促进了企业社会责任"战略论"的形成。

企业资源基础理论由潘罗斯（Panrose，1959）的企业成长理论发展而来。所谓"资源"，巴尼（Barney，1991）将其定义为：一个企业所控制的并使其能制定和执行改进效率和效能的战略的所有组织、管理、信息等。[1]沃纳菲尔特（Wernerfelt，1984）认为，企业的长期利润根源于该企业占有某些能使其获得超额市场利润的"异质性资源"，这些资源具有某种"位势优势"和"进入壁垒"，具有相对于特定企业的组织依存性特点，它无法通过市场价格机制被其他企业复制。企业资源基础理论着力说明企业长期竞争优势的源泉，为企业社

---

① Barney, J.（1991），"Firm resources and sustained competitive advantage", Journal of Management 17: 99—120.

会责任"战略论"提供了目的和意义上的解释。我们知道，在新古典经济学理论看来，完全竞争和市场价格机制的无摩擦运行，将使各企业利润趋向一般利润率，企业无法拥有长期超额利润；各企业的自发逐利行为将造成社会整体福利沿着帕累托改进路径达到最大化，企业的逐利努力与社会福利增进之间是统一的。以新古典经济学为理论基础的企业社会责任"自利论"，自然否认了企业承担社会责任的意义，将追逐最大化利润视为企业的唯一职能。新制度经济学用"交易费用"对新古典理论关于价格机制无摩擦运行的上述理想化假定进行批判，诠释现实中企业长期利润差异的原因。以此为基础，企业资源基础理论着力说明企业长期竞争优势的源泉，为企业社会责任"战略论"提供了目的和意义上的解释。[①] 也就是说，在"战略论"中，企业承担社会责任的目的在于确立异质性优势资源，实现长期可持续发展。

企业资源基础理论的发展，使掌控某种影响企业发展的优质资源的企业利益相关者成为现代企业理论研究的一个焦点，利益相关者理论成为企业社会责任"战略论"的另一个重要理论基础。弗里曼（Edward Freeman，1984，1997）将利益相关者定义为"任何能够影响组织目标的实现或受这种实现影响的团体或个人"，"利益相关者因公司活动受益或受损，其权利也因公司活动而受到尊重或侵犯"。企业利益相关者掌控某种资源，在不同程度上影响企业发展的内部组织基础或外部市场条件，其自身利益也与企业经营管理绩效息息相关。[②] 利益相关者理论的发展，为企业社会责任划定了受益对象范围。在 De Graaf，F & Herkströter，C. A. （2007）看来，企业社会责任是企业与其利益相关者之间构建利益共同体战略关系的"影响路径"（the influence-pathway），通过承担社会责任，企业保障其利益相关者权益，积极构建利益相关者参与治理的制度机制，积聚有利于企业保持

---

① Wernerfelt, B. (1984), "A resource based view of the firm", Strategic Management Journal 5: 171-80.
② Freeman, R. E. & Liedtka J. (1997), "Stakeholder Capitalism and the Value Chain", European Management Journal 15 (3): 286-296.

长期竞争优势的关键资源。[①]

以往企业社会责任"道义论"将"责任"理解为文化、道德等非正式制度安排对企业产生的外生性、单向度要求，企业履行社会责任是为了满足社会道义，其受益主体是泛社会性的，在外延上并不等同于与企业具有利益相关关系的群体范围，这就割裂了企业的责任性投入与企业利益回报之间的联系，因而无法说明企业自觉履行社会责任的动因所在。而利益相关者理论的引入解决了这一问题，它将企业社会责任的受益对象限定在企业的利益相关范围之内，为在战略意义上解释企业社会责任奠定了理论基础。

（三）企业社会责任"战略论"及其代表人物和主要观点

随着企业资源基础理论和利益相关者理论的发展，"战略论"逐渐成为近年来国外企业社会责任理论研究的热点和前沿。"战略论"（McWilliams et al., 2001, 2002, 2006; Baron, 2001; Bhattacharya et al., 2004）将企业社会责任界定为这样一种企业行为：在这种行为中，企业不再依照传统模式，在法律和制度设定的范围内追逐最大化利润，而是积极动用自身资源投入某种旨在促进社会福利的活动中去，以此达到企业对利润的追求。企业社会责任的战略意义体现在以下几个方面：

（1）在充分市场竞争条件下，企业社会责任是实现企业产品和经营差异化的重要方式，具有社会责任特征的产品和企业往往更具市场竞争力。

（2）在某些时候，企业社会责任行为与企业自身的产品和生产过程并没有直接关系，但仍能够为企业建立或维护自身声誉（Fombrun, 2001; Fombrun et al., 2000）。

（3）企业社会责任的履行，对于促进企业内部信息沟通，改善企业治理，推动产业发展，完善市场结构，具有十分重要的战略意义（Dentchev, N. A., 2004）。

---

① De Graaf, F & Herkströter, C. A.（2007），"How corporate social performance is institutionalised within the governance structure", Journal of Business Ethics, 74（2）：177–189.

（4）企业社会责任的实施能增强企业对员工的吸引力（Backhaus et al.，2002；Greening & Turban，2000），改善企业与顾客、供应商、销售商的关系，提高产品市场欢迎程度（Mohr et al.，2001）。

（5）企业社会责任甚至可以成为企业的道义武器，以此增大竞争对手生产和经营的成本（Mc Williams，2002）。

总之，企业社会责任"战略论"，既尊重企业作为一种经济组织在追求经济利润方面的基本职能，又在股东和社会之间划定了恰当的企业社会责任受益对象范围，提升了企业的社会价值，这就超越了以往企业社会责任理论在受益主体、企业行为动机等方面的争论，实现了企业行为的"社会意义"与"个体利益"的统一。

随着企业社会责任"战略论"研究讨论的深入，如何将企业社会责任这一新的主题与传统企业治理问题相结合，成为理论界与企业界共同关心的主题。传统主流经济学将企业视为出资者的企业，股东与经理人之间因信息不对称而产生的委托—代理问题是传统公司治理理论的核心问题，企业只有对股东的"经济责任"。但随着学术界关于企业性质讨论的深入以及现代企业理论尤其是企业资源基础理论和利益相关者理论的发展，许多学者指出，企业不仅是股东的企业，企业之所以需要承担比"经济责任"更为广泛的"社会责任"，是因为现代企业的绩效与发展取决于包括股东在内的一系列利益相关者。因此，人们需要重新考虑与作为发展战略的企业社会责任相关的战略目标、战略重点、战略实施机制、战略实施保障等方面一系列问题。

Ackerman（1973）的经典论文《公司如何应对社会需求》被认为是讨论企业社会责任与公司治理关系的奠基之作。在该论文中，Ackerman指出，企业社会责任表现不应仅局限于个别管理层成员偶发性的良好意图，应该将企业社会责任纳入公司的常态业务流程，使之制度化、规范化。[①] Bauer & Ackerman（1976）进一步从社会期待表达与企业社会责任响应两个角度，讨论了企业社会责任纳入公司治理的一般机理，并且指出，人们不应该单向度地强调企业对社会的责任和义务，

---

① Ackerman, R. W.: 1973, How Companies Respond to Social Demands, Harvard Business Review 51（4），88-98.

企业社会责任应当与企业声誉和企业形象相关，这是企业自愿自觉履行社会责任的条件，也是社会责任行为得以内生化、制度化的基础。[①]

Wood（1991）认为，为了使战略意义上的企业社会责任行为卓有成效，企业必须准确把握自身所拥有的资源条件、经营环境、市场状况以及它们之间的相互关系。为了达到这一目的，公司治理中的企业社会责任机制应当重点针对以下三个环节，即环境分析、利益相关者管理和危机管理。在企业与社会的相互关系中，三个环节所侧重的问题各不相同，因此企业应对社会问题的响应过程和经营管理方式也有所区别。[②]

Graaf & Herkstroter（2007）则深入讨论了利益相关者参与公司治理的两种途径。第一种是直接影响，以日本和荷兰为代表，利益相关者在企业决策中拥有法律和制度所赋予的正式地位，例如，荷兰的法律就明确认定公司应该是一个利益相关者的合作联盟，大多数的荷兰公司已通过了客观考虑客户、股东和员工的利益的政策，公司有关各方还要共同负责维护社会利益。利益相关者可以直接用手投票，参与公司的管理决策，其权限根据在公司中的利益相关程度而有所不同。第二种是间接影响，即利益相关者借助第三方的帮助，如监督机构和政府部门，实现对企业决策的影响。例如，保护利益相关者利益的原则、制度和措施被赋予了法律权威，由政府相关部门和监督机构负责实施。当可能存在威胁利益相关者情况发生时，各利益相关方将依据法律程序来审查企业的选择。甚至某些非政府组织中如环保团体也经常利用这种间接机制，它们试图通过媒体或通过法院对企业行为进行监督和约束。[③]

（郭毅　北京工商大学经济学院副教授，
中国企业社会责任同盟特邀专家）

---

① Bauer, R. A. and R. W. Ackerman: 1976, Corporate Social Responsiveness: The Modern Dilemma, Reston Publishing Company, Reston.

② Wood, D. J.: 1991, Corporate Social Performance Revisited, Academy of Management Review 16(4): 691–718.

③ De Graaf, F & Herkströter, C. A. (2007), "How corporate social performance is institutionalised within the governance structure", Journal of Business Ethics 74 (2): 177–189.

第二章　相关机构和个人推动企业
履行社会责任

企业社会责任归根到底属于企业行动，但在我国现阶段，企业的社会责任实践离不开政府引导、非政府组织参与、行业协会协调和公民监督。本章通过对 2008~2009 年政府、非政府组织、行业协会和公民个人推动企业社会责任行动的典型案例描述，说明我国现阶段企业的社会责任行为发生的外围环境。

一、政府机构：烟台开发区政府引导
企业履行社会责任

（一）烟台经济技术开发区概况

改革开放以来，我国企业为社会提供了丰富的产品和服务，为经济增长和人民生活改善做出巨大贡献。但同时一些企业也出现了社会责任缺失现象，主要表现为：破坏环境、不依法纳税、危害食品药品和生产安全、损害职工权益、漠视公益事业等。

烟台经济技术开发区 1984 年 10 月经国务院批准成立，1985 年 3 月动工建设，是全国首批 14 个国家级开发区之一。近年来，烟台开发区主要经济指标增速始终保持在 30% 以上。2008 年，GDP、工业总产值分别增长 28% 和 34.6%；进出口总额、出口分别增长 70% 和 88%。主要经济指标增幅高于国家级开发区平均增速 5~10 个百分点，高于烟台市各县市区平均增速 10~20 个百分点。在烟台市 1/60 的国土面积上，创造了 1/6 的 GDP、1/5 的税收、1/4 的工业增加值、2/5 的高新技术产业产值和 3/5 的进出口总额。在商务部对 54 个国家级园区排位中，软、硬综合实力位居第 6，是唯一一家连续 6 年综合经济实力排位持续上升的国家级开发区。

随着大批企业入驻，全区已注册各类企业 10000 多家，其中工业企业 3000 多家，企业员工占全区总人口的 2/3，企业已经成为烟台开发区经济和社会发展的主导力量。

（二）烟台经济技术开发区企业的企业社会责任问题和表现

随着开发区建设的迅速发展，开发区内一些企业缺乏社会责任意识的问题也逐渐反映出来，在烟台开发区，一部分企业曾一度表现为"三重视三弱化"：重视要优惠政策，弱化对开发区的服务和贡献；重视为董事会负责，弱化对社会负责；重视企业内部建设，弱化对社会弱势群体的救助帮扶，片面认为围墙里面是企业的事，外面是政府的事。

2004 年以来，烟台开发区通过调研发现，造成企业社会责任缺失现象的原因很多，除国家相关法律法规不健全外，主要可概括如下几点：

（1）认识判断偏颇，对企业社会责任的认识理解还存有盲区、误区。个别企业片面认为，法律规定范围以外的责任政府无权要求企业承担；有的企业比较关注履行社会责任的成本，认为履行社会责任是企业发展到一定阶段才能顾及的事。

（2）企业在履行社会责任方面缺乏诚信的经营理念。一些企业在履行社会责任方面没有树立正确的生产经营意识，没有正确的经营理念。

（3）企业开展履行社会责任的工作机制尚不完善。多数企业对开展落实社会责任有一定的认识，但对于如何全面履行社会责任缺乏系统的、可操作的推进机制和工作体系，没有统筹社会责任工作的组织或机构，没有形成企业履行社会责任的制度。

（4）行政机关监督滞后。注重企业经济贡献多，关注企业社会责任不够，缺乏健全完善的体制机制，对企业形不成"硬约束"。

区内企业社会责任缺失的现象主要表现在：

（1）不依法纳税。有的企业不按时足额纳税；有的千方百计偷逃税款，通过与关联企业交易，压低价格、增加成本、转移利润；有的非法避税，在即将度过免税期时，通过境外资本转换，骗取和重复享受外资企业优惠政策等。某中外合资制袜公司，主要生产袜类产品，产品95%以上由其控股的日本总公司在境外销售。自2003年开业以来，销售收入每年增长50%以上，但账面却年年亏损，存在重大避税嫌疑。税务部门通过调查分析，在掌握了该公司不同时期的收入、单价、成本、毛利率、关联交易定价方法及原则等大量数据和信息的基础上，与企业进行了9轮谈判，最终依法对其调增应纳税所得额1100多万元。

（2）破坏环境。片面追求自身的经济效益，不注意控制污染，偷排或超标排放污染物；发生环境违法行为后，不按环保部门要求及时整改；新、改、扩建项目不符合国家环境影响评价制度等。据统计，体系实施前的2006年、2007年两年，区环保部门依法查处的未批先建、污染设施未配套建设即投入生产等环境违法行为11起。某韩资漆包线生产企业持续排放含酚类、苯类等有毒有害废气，虽经多次投资整改仍未达标，当年年底被环保部门责令离区。

（3）危害消费者利益。采取危害公共安全、损害消费者利益的手段非法牟利。如有的企业搞不正当竞争；有的生产不合格产品甚至伪劣产品，唯利是图欺诈消费者等。

（4）损害职工合法权益。如拖欠职工、民工工资，不按要求缴纳保险金，随意增加工作时间、加大劳动强度，职业病预防措施不到位，对特殊岗位职工缺乏必要的劳动保护。近5年来，全区共发生欠薪逃匿案件9起，涉及职工700多人，涉案金额200余万元。2006年9月，拖欠99名职工3个月工资的某服饰企业韩籍法定代表人转移财产并准备逃匿，被有关部门有效控制，为职工挽回损失19.5万元。

（5）危害职工生命安全。主要表现在安全生产规章制度不健全、安全防范和监督不到位等。虽然多年来未发生较大以上安全事故，但一般事故平均每年 3 起左右。

（6）漠视社会公益事业。对参与社区建设、捐助公益事业等社会责任缺乏应有的认识，等等。

（三）开发区管委会建立企业社会责任考核与评价体系

经过大量调研，烟台开发区管委会深感以"经济指标"为核心的企业激励机制存在很大弊端，企业社会责任感的缺失制约着开发区的长远发展。而且随着经济社会的发展，其影响面、破坏力、危害性将越来越大。这些因企业个体行为引发的社会问题，最终转嫁给政府和社会，容易产生诱发群体事件、影响发展、破坏和谐的"多米诺骨牌"效应。其危害性主要表现在：

（1）影响企业自身发展，随着 SA8000 社会责任体系的建立和推广，没有社会责任感的企业，将很难进入一些跨国采购的"大名单"。

（2）诱发劳资纠纷、环境污染、消费投诉等信访案件和群体性事件，企业消极、错误的处理方式，又往往导致矛盾激化。

（3）违法生产经营和不规范的市场行为，扰乱正常经营秩序。

（4）对资源无节制的开发利用、对环境的破坏、对生产要素的浪费，阻滞了经济可持续发展。

（5）企业失责，政府埋单，增加行政成本。

（6）损害国家利益，亵渎国家法律，侵犯劳动者的民主权利，进而影响到科学、和谐发展。长此以往，将使企业发展面临与社会发展以及环境保护的深层矛盾，与经济社会的可持续发展道路背道而驰。

通过调研，烟台开发区上下逐步统一了三方面认识：

（1）对工委、管委会而言，建设一个好的开发区，既需要抓好开发建设，更需要给开发区引入文化、注入灵魂，不仅要注重引进和建设企业，更要大力培育企业精神和文化，使之与开发区成为利益共同体，在相互支持、相互促进中打造一座人文工业新城区。

（2）对企业而言，要通过引导，使其不断提高对履行社会责任重要性的认识。企业不仅是经济活动中的经营主体，在社会活动中同样扮演着重要角色，因而企业在追求利润的过程中，还要努力取得企业品牌、美誉度、社会形象的最大化。

（3）对社会而言，开发区的和谐发展需要各个企业积极履行社会责任。企业稳定与否影响着全区稳定；企业的排污降耗影响着全区环保质量等。由此，烟台开发区管委会把落实企业社会责任问题提上了重要议事日程。

烟台开发区管委会认为，落实企业社会责任，必须有一个科学的考核评价体系。从 2007 年开始，烟台开发区开始尝试建立企业社会责任考核评价体系，推动企业履行社会责任的长效机制建设。在学习借鉴国内外一些先进理念和做法的基础上，按照"有所为有所不为"的原则，以及体现"重点事项有刚性，鼓励事项有导向，制约事项态度明，轻重缓急安排清"的精神，结合自身实际，确立了企业八大社会责任的考评内容和 33 项考核细则，通过不同的比重设计，体现了政府对企业的引导。

这八大考评内容是：

（1）经济发展责任。主要以企业对股东权益负责的表现和企业对社会的主要经济贡献两个方面为评估标准。同时考核企业科技创新方面的表现。

（2）节能减排责任。企业应严格遵守国家政策和法律法规，建立健全有效的环境管理体系，采取切实有效的节能措施，减少对资源或环境的不利影响。

（3）诚信守法责任。企业要强化法律意识，严格依法经营，自觉约束自身行为，尽量避免由于自身行为对企业形象造成负面影响的事件发生。

（4）员工保障责任。企业要保障职工合法权益，既要对职工的就业保障负责，充分尊重职工的生命权、健康权，强化安全生产条件保障，又要大力发展和谐劳动关系，保障职工权益不受损害。

（5）社会事业责任。在落实企业文明创建责任时，要确定既符合开发区发展要求，又具有企业特点的文明创建思路和文明创建目标，使企业文明创建与社会发展合拍。

（6）帮扶助贫责任。企业要积极与农村、农民建立起利益共同体关系，在农民就业、资金扶持等方面支持农村发展、农民致富，共同促进区域经济、社会协调发展。

（7）计划生育责任。将计划生育工作纳入企业制度化管理，促使企业真正重视计划生育，引导职工晚婚晚育、少生优生，为控制人口数量，提高人口素质做出努力。

（8）稳定防范责任。强化企业稳定防范的责任，既要抓好企业内部的安全保卫，强化职工队伍建设，又要做好外部防范，保障企业生产经营的正常运转。

烟台开发区管委会认为，落实企业社会责任的主体是企业，但企业的中心目的是赢利，有些企业尽管有较强的社会责任意识，但由于生产经营档期紧张，或者考虑股东利益、企业间平衡等因素，若没有外力的推动，很容易忽视或淡化落实社会责任。因此，政府引导企业落实好社会责任的一项重要任务，就是为其创造良好条件。近几年来，烟台开发区积极运用政府的、行业的、社会的等手段，按照构建和谐社会的要求，为企业承担社会责任搭建公共服务平台，引导企业在工业哺农、回报社会等方面有所作为。

比如，为了响应中央号召，引导企业在"工业反哺农业"方面落实好社会责任，2005年，烟台开发区先后动员首钢东星、万利达等28个企业与28个发展缓慢村结成帮扶对子，企业一年无偿投入扶持资金100多万元，帮助农村修建水库、建批发市场、盖蔬菜大棚等，取得了良好的经济效益和社会效益。近几年来，继续推进企业农村共建，构建新型工农联盟，目前已有100多家企业与农村结成共建关系，累计投入共建资金3亿多元，为推动新农村建设发挥了重要作用。2006年以来，全区农民人均纯收入年增幅超过15%，2008年突破万元，居全市首位。

再如，在引导企业积极回报社会方面，烟台开发区定期组织开展"爱心捐助"等活动，号召全区国有、中外合资、外商独资以及民营企业积极参与，集中救助社会弱势群体。此项活动开展6年来，企业累计捐款额达4000余万元，通用东岳汽车、正海集团、斗山工程机械等重点企业，每年捐款额都在 10 万元以上。

在烟台开发区看来，落实企业社会责任，除了刚性的法定责任，还有一些"软"的指标，受企业决策和行为的道德、习惯、思维方式、企业文化和价值观的影响，企业也需要有一个认识—接受—实践的过程。因此，烟台开发区注重采取多种形式，引导社会舆论，强化政策支持，做好激励工作，在全社会形成"承担责任光荣，逃匿责任可耻"的浓厚氛围。在烟台开发区，大张旗鼓地表彰纳税大户、精神文明建设先进单位，设立社会风尚奖，推荐优秀外商为烟台荣誉市民等，都是对落实社会责任好的企业的嘉奖和弘扬。韩国独资斗山工程机械（烟台）有限公司先后投资 600 余万元，在全国捐建了 24 所希望小学；日资企业纳美仕电子公司总经理田中尚一在烟台开发区工作期间，拿出自己的工资，7 年累计捐助了 60 多名困难家庭学生，并为高级中学捐助教学设备，在离任回国前夕，他又拿出 5000 元设立了爱心捐助基金；韩国独资企业乐金电子部件公司实习生王小霞不幸患上白血病，中韩员工共同伸出援助之手，为其捐款 10.5 万元。对企业的这些义举，烟台开发区及时在省、市、区媒体上进行立体宣传，社会反响强烈。

对落实社会责任好的企业，在法律允许的范围内，烟台开发区还在税费、土地、厂区建设等方面给予优惠。烟台开发区对模范纳税的企业，每两年评定一次纳税信用 A 级企业，全省公布，并进行动态管理。被评为纳税信用 A 级企业，享受税务部门减少检查次数，优先落实国家政策范围内的减免税、出口退税等优惠政策。通用东岳汽车公司与其核心配套企业一路之隔，企业为了物流更加便捷，提出将一条已建设好的市政路改为厂区路。考虑到东岳汽车在承担社会责任方面的优良表现，区里调整了市政规划，将这条市政公路作价出让给东岳汽车公司。

围绕职工权益保护，烟台开发区工委、管委会出台了《关于开展千家企业和谐劳动关系创建活动的意见》，以依法推行劳动合同制度、工会组织建立及经费保障、建立健全民主管理制度、劳动安全及劳动保护等情况为评价标准，分 A 级、AA 级、AAA 级对各类企业进行认定。每年命名表彰一次。获得 AAA 级称号的企业及企业法人，在符合条件的情况下，推荐授予烟台市"五一"劳动奖状（章）。

为强化组织保障，烟台开发区成立了由工委、管委会分管领导任组长的企业社会责任工作领导小组，相关考核评价工作按三阶段逐步推进：2008 年为第一阶段，全面营造企业参与社会责任考核评价体系的社会氛围，在全区产值过亿元的企业中率先推行企业社会责任考核；2009 年为第二阶段，全面完善考核指标和标准，形成一套更为成熟的、具有较强可操作性的标准体系，考核面扩大到规模以上所有企业；2010 年以后为第三阶段，是考核评价工作全面推进阶段，考核范围覆盖全区企业。

企业社会责任考核主要分四个步骤：第一步，企业根据考核评价体系的要求，做好日常管理记录，并按时提报给各考核部门。第二步，各考核部门结合工作职责、日常信息记录对企业提报数据进行补充完善核实。第三步，领导小组办公室于年底汇总并进行核实考评，根据企业得分由高至低进行排序。第四步，工委、管委会综合运用考评结果，将得分排全区前列的企业评为履行企业社会责任优胜单位；得分 90 分以上的确定为履行社会责任优秀企业；得分在 70~90 分的确定为合格企业；得分 70 分以下的企业，进入整改期，促其升档进位。

（四）企业社会责任考核与评价体系实施所取得的成效

2009 年年初，烟台开发区依据考评体系所涉及的八大项 33 个细则，对全区 78 家产值过亿元的企业进行了建区以来规模最大的一次考核，最终评出"履行社会责任十佳企业"，作为政府授予企业的最主要荣誉，并专门召开大会隆重表彰奖励，从政策、资金方面大力扶持，对全区企业形成了有力的示范带动作用。斗山工程机械公司论产出规模不在三甲之列，却凭借综合分数列综合考核第一名；金河实业、氨纶、正海 3 家企业虽然产值未进入全区前 10 位，但凭借综合分数跻身十佳，在企业中引起了不小的震动。

烟台开发区推行企业社会责任考评体系，取得了初步效果。具体表现在：

1. 企业凝聚力增强，区域劳资关系更趋和谐

通过加强落实企业社会责任，深入开展"千家企业和谐劳动关系"创建活动，多数企业能把对职工负责、维护职工权益、提高职工素质作为首要责任，目前全区社会保险事业 11 项指标位居全市第一，工会组建率和入会率达到 90% 以上，有 100 多家企业推行了工资协商制，劳动纠纷引发的信访案同比下降 30%。2008 年，全区没发生一起进京上访事件，开发区还被评为"全省农村劳动力转移先进单位"、"全国农民工工作先进集体"。

2. 企业节能环保意识增强，区域生态环境保持良好

在考评体系的约束下，区内企业不断加大环境保护投入，有 35 家重点企业完成清洁生产审核，10 家企业通过省环保部门清洁生产验收，数量位居全省前列，40 多家企业通过 ISO14001 国际环境管理体系认证。全区单位工业增加值综合能耗 0.38 吨标煤/万元、新鲜水耗 4.77 立方米/万元、万元工业增加值 COD 排放量 0.86 千克、二氧化硫排放量 0.84 千克。2009 年 1 月 9 日，成功通过国家验收，成为全国仅有的 5 家国家级国家生态工业示范园区之一。

3. 企业公共安全意识增强，区域社会形象不断提升

全区企业都建立了专门财务管理账户和安全生产费用提取、使用情况台账，所有危化品、非煤矿山、烟花爆竹企业全部达到了企业标准化建设计划指标。2008 年，全区未发生重大安全事故。全区企业更加注重产品质量，保障消费者权益，企业品牌形象和区域社会形象均得以提升，尤其是 33 家食品生产加工企业 100% 取得食品生产许可证。

4. 企业回馈社会意识增强，区域社会氛围日趋祥和

已有 70 多家企业与农村结成共建对子，仅 2008 年一年就出资 6000 多万元。370 多家企业积极参与"爱心捐助月"活动，捐款数额从 2007 年的 270 多万元，猛增到 2008 年的 2000 多万元。2008 年抗震救灾，仅斗山工程机械公司就捐款捐物价值达 1000 多万元。该公司还捐建希望小学 24 所，遍布全国 19 个省份，合计投入善款 625

万元。

5. 企业发展速度加快，区域经济实力日趋壮大

开发区大力扶持、服务落实社会责任优秀的企业，在资金、人才等方面重点倾斜，在规划、引导产业发展上科学谋划、强力推进，企业成长更好更快。2008 年，全区产值过亿元的企业突破 100 家，5 家企业过百亿元，涌现出了全市产出最大企业、全省第一出口大户，形成了汽车、手机、电脑等五大产品集群加速崛起的局面，成为全国重要的汽车工业基地、装备制造业基地和电子信息产业基地，在全市 1/60 的土地面积上，创造了全市 1/6 的 GDP、1/5 的税收、1/4 的工业增加值、2/5 的高新技术产业产值和 3/5 的进出口总额。

企业纷纷落实社会责任，推动了烟台开发区政治、经济、社会、环境和谐发展。在刚性的管理和约束下，烟台开发区绝大多数企业都把依法纳税、保护环境、维护职工合法权益、提供合格产品等作为企业的要务，实现了良性发展。由世界 500 强企业美国通用汽车等投资建设的通用东岳汽车公司，视产品质量为生命，在通过 ISO9001 质量体系认证的基础上，又采用国际先进的"QSTP"采购供应体系保证零部件供应的质量，企业产销两旺，投产两年就被美国通用总部授予全球总裁奖。正海电子从 1996 年投产到现在，累计投入几千万元用于环境保护治理，企业经济效益和社会效益同步攀升。

在昂扬信心应对危机的时刻，有责任的企业纷纷行动起来响应工委、管委会的号召。山东舒朗服装服饰有限公司是近年来迅速崛起的一家民营服装企业，2008 年跻身全国服装企业百强，并荣获全国服装百强企业销售利润率第一名的桂冠。由于拥有自主品牌并采用了"六加一"产业链发展模式，运用"微笑曲线"成功实现了转型升级，该公司在经济危机中逆势腾飞，2008 年企业生产规模、销售收入和利润率均实现翻番增长。因在抗震救灾和帮扶中小服装企业渡过经济危机中有突出的表现，该公司被评为山东省优秀责任企业。在工委、管委会支持和企业社会责任考核评价体系的引导下，他们抓住国家加大投入、扩大内需、刺激消费等政策机遇，与开发区管委会共同搭建促进下岗职工、大学生等特殊群体就业、创业的平台，决定 2009 年在国内扩张 500 家店铺，广泛吸纳下岗职工、大学生来公司就业、创业，并接受经营困难的中小企业加盟。据初步估算，仅店铺一项可为社会创造就业岗位 2500 个。舒朗服装文化传媒公司总经理沈丽表示："开发区这套量化了的考核标准，实际上是对企业意识形态的一种隐性的引导，引导企业的最终目标是社会化而不是仅为私有。一个没有社会公益心的企业最终也不会得到社会的支持。以舒朗品牌为例，通过抗震救灾、给北川中小学生送校服、投资建厂解决灾区就业，逆势扩张拉动内需、扩建三期扩编就业 3000 人，关注新入职场女大学生、联合高校国际化办学为山东培养服装设计技术人才等几大方面，深切体会到履行社会责任对企业品牌的提升作用，顾客在购买舒朗产品的时候增添了感情色彩，因此在危机时期能够销售收入、利润双双同比翻番。"

（五）开发区企业社会责任考核与评价体系的特点总结

创新性——企业社会责任考评体系的建立，实现了"两大转变"，开辟了"一条新路"。"两大转变"：一是实现政府对企业监管方式的根本转变。改革开放以来，企业自主经营权和发展活力大大增强，但随之也出现了一管就死、一放就乱等问题。社会主义市场经济条件下，政府到底如何监管企业，一直没有找到一个有效的办法，而社会责任考评体系很好地解决了这一问题，构建起了新型政企关系。在考核原则上坚持依法管理，既不干扰干预企业发展，又对企业有要求、有标准、有评价，实现了政府要求与企业需求的统一。各项考核指标都是根据国家法律规定确立的，通过体系引导企业依法办事。在考核内容上注重科学评价，打破传统惯例，取消经济指标单项先进，只奖社会责任优秀企业，由以往的以经济指标为核心，转变到引导企业全面履行社会责任；使单一目标的最大化变成综合目标的最大化，从非均衡发展转变为均衡全面发展。二是实现企业发展理念和模式的重大转变。现代企业间的竞争已从单纯的价格、质量和服务竞争转化为具有深厚文化内涵的品牌竞争。通过品牌背后富含社会责任的企业文化，赢得消费者和公众对品牌的认同，已成为一种深层次、高水平和智慧型的竞争选择。当今社会，衡量企业业绩不仅要看其创造的经济价值，还要看其创造的社会价值。越来越多的企业认识到：企业重视劳工尊严、安全和福利，有助于调动员工积极性，增强团队协作能力；重视节能环保和消费者利益，有助于企业树立良好的社会形象；重视经济贡献和社会公益事业，有助于企业获得更为优质的资源和广阔的发展平台。同时，加强企业社会责任建设，也有利于企业适应国际规则，参与全球供应体系，"走出去"培育自己的跨国公司。"一条新路"，即开辟了科学和谐发展的新路。通过实施企业社会责任考核评价体系，清晰界定企业应该和必须履行的社会责任，并从政府管理、企业发展的角度大力推进，使政府、企业和社会的价值准则、利益取向达成一致，形成一荣俱荣、一损俱损的互动互利关系，有利于实现工业生产与生态环境相容，经济发展与社会和谐共赢，促进区域科学和谐发展。

烟台开发区企业社会责任考评体系的实施，开启了中国在一个区域内推行企业社会责任考核的先河。在一个区域内建立并实施企业社会责任考核评价体系，烟台开发区的做法为全国首创。据了解，目前国内有国资委在中央直属企业、中国纺织工业协会在纺织系统建立了企业社会责任考核体系，有的城市正在探索但未见实施考核。烟台开发区的做法是在社会主义市场经济条件下政府监管企业模式的一种创新，也是当前应对危机情况下最有效的措施。目前《人民日报》、《求是》杂志、新华社等都刊发了烟台开发区的相关经验文章。由国务院发展研究中心主办的《中国经济时报》更是给予了"中国企业社会责任破题"的高度评价。

可持续性——该体系较为科学，可操作性强，并在实践中不断完善。其可持续性具体体现在三个方面：

（1）考核指标比较全，涵盖了经济发展、节能减排、员工保障等八个方面，为体现政府对企业的引导，烟台开发区根据形势需要将对不同类别的权重每年作出调整，但考核的大范围不变，避免了"朝令夕改"。

（2）考核方法比较实，日常记录与年终核实等四个步骤，保证了考核结果的权威性，考核优秀的有重奖，考核不达标的要整改。

（3）考核实施比较稳，分产值过亿元、规模以上企业、所有企业三个阶段稳步实施。

可推广性——体系明晰，简易可行，效果明显。对于各种类型的企业具有普遍的约束意义，实践证明考核效果良好。尤其是通过合理设定各类指标的权重，可以实现政府对企业的引导，比如既有安全生产、环境保护等实际上具有"一票否决"作用的硬杠杠，又有热心公益事业等软性的指标。

（烟台市经济技术开发区管委会）

二、非政府组织：中国企业社会责任同盟
方碑村灾后重建纪实

距离"5·12"地震200多天后，方碑村的村民们开始乔迁新居。快速重建背后的"一帮一"模式，不仅带动了农民的自尊自立，实现了家园与精神的双重重建；还为普通的个体公民参与慈善提供了一个途径，推动了个体公民在社会责任面前有所担当。

2009年1月22日，在距离"5·12"地震200多天后，绵阳市安县黄土镇方碑村，在中国企业社会责任同盟和《北大商业评论》的组织下，实现了首批185户灾后重建房的竣工并且开始交付村民使用。这185户灾民从此开始拥有独立的、可以长期使用的住房。

我们很难想象灾后住宅重建的难度：33年前的唐山大地震，受灾民众在临时住所里生活达10年之久；14年前的日本阪神地震后，受灾民众先是在帐篷里住了7个月之后搬进临时居住点，一住就是5年多。

就方碑村而言，灾后95%的房屋完全倒塌，4%的房屋成为无法居住的危房，只有1%的房屋毫无损毁。根据《北大商业评论》在方碑村的调查：村民的住宅财产均未投保，没有保险赔偿金（日本自1966

年起就建立了完善的地震保险制度，为日本地震灾后重建发挥了积极作用）；受灾民众的自有资金普遍有限，难以自力承担住宅重建所需的大部分资金。进行灾后住宅重建的模式创新，无疑是一条出路。

另一方面，地震不可避免地给村民们带来了心灵创伤。重建不但意味着物理的重建，更意味着心灵的重建；重建不是简单的施舍，而是意味着自尊与自立、自信与希望。如何通过灾后重建的模式创新，实现家园与精神的双重重建，是一个现实的挑战。

方碑村首批住房工程的落成，就是通过"一帮一"的借款模式（详见《北大商业评论》2008年7月刊），在政府、企业员工和村民的三方参与下，帮助村民们在废墟上重建信心。

（一）乔迁新居：一个村落的繁华与喧嚣

2009年1月22日的清晨，天寒地冻，正是绵阳最冷的时候。满眼萧萧，处处透寒。柏油路在车子的疾驶下突然没了踪迹，石子与黄土互相挤压着磨炼出了一条明晃晃的土路，引导车子驶向远方。路旁时不时地闪过被地震损坏的房屋，歪歪斜斜地站立着，扭曲错位。

突然，眼前陡地一亮，红色的彩虹拱门上打着米黄色的字——"方碑村首批永久性住房交付仪式"。拱门后面不远处，白色的两层楼房一字排开，坚强地屹立着。

走过彩虹拱门，就如同走进了一个乡镇的集市，热闹非凡。一条笔直的村主干大道上站满了三五成群的人们，自行车、摩托车、小轿车偶尔还"摩肩接踵"一下。间或能看到村民们用三轮车驮着床垫子"招摇过市"的情景。人人脸上洋溢着喜悦的笑容，似乎都在驻足等待一场好事的降临；家家门前悬挂着红灯笼，似乎过起了红红火火的日子。

马路边，半年前的瓦砾世界早已消失不见，取而代之的是一栋栋白色的灾后重建房。每栋房子，都采取双层封闭式构造；通体白色，腰身的红色装饰线似束腰的彩带留下浓墨重彩的一笔；灰色瓦片铺设的双坡式屋顶，干净而整齐；房间内精心铺设的瓷砖、内置式的楼梯，无不在昭示着新农村的气息。这种构造样式，一改地震前方碑村每家每户的四合院式构造，不仅提升了居住质量，改善了卫生水平，还大大节省了用地面积。

方碑村一共 10 个组，总体上按照"大统筹、小散户"的方针来布局房屋建设。其中，靠近方碑村主干大道的 5 个组房屋统筹建在大道旁（首批工程），其他远离主干大道的 5 个组在原地重建房屋。这样，全村 400 多户人家最终将节省下来 100 亩土地，土地资源会更节约，未来可用于规划"安居"之后的"乐业"工程。

这批灾后重建房，已经通了电，水和气将陆续开通。有一个房主人将一个火盆先搬进新家，祈愿今后的生活红红火火。还记得 2008 年 6 月份来到方碑村的情形：炎日下的帐篷内，酷热难耐，和着蚊虫的嗡鸣；当暴雨来袭，帐篷内的潮气长驻不去。如今，村民们终于可以在屋子里躲避严寒和酷暑了。

在"方碑村首批永久性住房交付仪式"的现场，小孩子们早早地就从家里搬来了凳子，占据了舞台下的前两排"据点"，一溜排开。后面迅速聚拢了好几层村民，每个人的脸上都洋溢着激动的笑容。锣鼓声声、狮身舞动中，185 户村民领到了新房钥匙。虽然村民们仅有的家具不过是锅碗瓢盆做饭的家什、发放的几床保暖的棉被，或者是从废墟中挖出来的破旧沙发，不过乔迁新居的喜悦写在每个人的脸上，写在每个人的心里。当问及村民们的心情时，他们说得最多的就是"高兴"和"感谢"，似乎其他的话都不会说了。他们用这种朴素的词语来表达感恩，用这种直白的说法来表达再也不用风餐露宿的喜悦。

（二）我想有个家：两户人家的"重建经"

方碑村"一帮一"重建计划的款项来源主要是：通过村民自筹、中央政府补贴、地方政府和对口支援政府的补贴、银行贷款、企业捐助、企业员工无息借款相结合，来解决方碑村的重建问题。每个受灾农户房屋重建一般所需资金约 6 万~8 万元，政府提供灾后补助款每户约 2 万元，每户村民自筹和信用社贷款约 2 万元，再加借助的无息借款每户 1 万~2 万元，全村 90% 的受灾户的农房重建问题可得到解决。

无息借助是方碑村重建模式的重要部分：采取村、组、户联合担保的形式，通过中国企业社会责任同盟和《北大商业评论》杂志社的联系，实现城市家庭与灾区农村家庭的一对一对接。具体实施方式就是有爱心和能力的城市家庭向受灾建房户提供无息借款 1 万~2 万元，受借助家庭建好房子后，在 3~10 年内还清这笔借款。

该模式的主要原则是：灾后重建主要靠村民自救，在各方帮助的基础上，使村民们有自信、有尊严地重建家园。"有借有还"，而不是简单的"施舍给予"，不仅仅是灾后房屋的物理重建，它还传达着灾区人民特有的一份自信和坚强，承载着村民们自尊自立的脊梁。

根据事先约定的还款协议，农户要在未来 3~10 年内还清借款。重建，不是单纯地盖房子这么简单，每户人家必须根据自己的实际能力和还款能力算好自己的"重建经"。

王燕妮，是绵阳医专的大三学生，读药剂学专业。她的家原是修葺一新的四间平房，地震把房子摇出了裂缝，厨房的一面墙也倒了。地震后，他们很长一段时间都住在房子旁边的三色帐篷里。余震平息后，他们把原来的房子重新加固，可以继续居住。未来，他们打算在原房屋的后面起一个面积 100 平方米的后院，在院子里修建厨房、厕所、猪圈。粗略算来，需要资金 9 万元左右。其中，燕妮家可自筹资金 2 万元；根据燕妮家 4 口人（爸爸、妈妈、燕妮和妹妹）的标准，政府可给予补贴 1.9 万元；通过向亲朋好友借款以及镇里的银行贷款的办法，可筹到资金 3 万元左右；"一帮一"计划里，4 口人的村民家庭可获得无息借款 2 万元。燕妮家在方碑村算是"中等户"，燕妮的爸爸在外面做装修工，好的话一年可以挣 1 万多元。燕妮目前正在江油市的医院实习，每月生活费要 1000 元左右。除去燕妮 2009 年上半年的生活支出以及燕妮家里的生活开支，这个家庭 2009 年的储蓄额约为 4000 元。不过，等燕妮 7 月份毕业后将开始参加工作。5 年内还清 2 万元无息借款，从燕妮的笑脸上可以看到信心。

58 岁的王大富可以说得上是村里的"富裕户"。地震让他住了十多年的房子轰然倒塌，房屋损失达十多万元，家具等财产损失有 2 万多元。不过，头脑灵活的他并没有丧失对未来的信心，他踌躇满志地向我们算起了他的新房重建计划：打算在方碑村二期房屋重建中建100平方米左右的两层小洋楼，所需资金为16万元；根据3口人（王大富、妻子段语永、儿子）的标准，政府可给予补贴1.6万元；自筹资金有3.5万元；镇里银行可贷款3万元；"一帮一"计划可借得无息借款2万元。不足部分，可由在成都工作的儿子来支援。王大富28岁的儿子现在已经是四川制药厂在成都地区的总代理。说起未来的还款能力，王大富平静之中充满了自信：作为村里的医药师，每年的诊病和医药收入有3000元左右；经营小卖部的收入每年也有4000元左右；老两口种了2.5亩土地，每年收获粮食4000多斤，除了2000斤的口粮外，其他的2000斤可卖1000多元；养殖家畜的收入每年有2000多元；劳务收入每年有1万多元；合计，每年的收入有2万元左右。对王大富而言，还款不仅没有问题，而且还是生活的动力。

如果说传统的大包大揽只会滋生依靠和等待，那么，"一帮一"激发的却是行动和自助，是天灾面前村民自尊意识的觉醒和自立力量的凝聚。"安居"之后，在"他助"的前提下，方碑村还将实现"乐业"，建立自身的"造血"系统。

"先安居后乐业，前面一帮一是安居，'金钥匙'工程是乐业。'金钥匙'有两个要点，第一个是帮他们组成方碑村股份合作社，大概村民占60%的股份，外面的帮扶者带进来40%的投资；第二个是我们找来投资、带来两个项目，这两个项目一个是种植的项目，一个是养殖的项目，目前正在酝酿之中。"中国企业社会责任同盟的秘书长、《北大商业评论》的主编何志毅说。

（三）一借一还：村民收获自尊，员工收获担当

"农户自由资金+政府补助+企业员工无息贷款"的"一帮一"模式，不仅带动了农民的自尊自立，让受助者有尊严地站起来；还为普通的个体公民参与慈善提供了一个途径，推动了个体公民在社会责任面前有所担当。

"一帮一"计划采用借款模式，而不是传统的直接捐助模式，初衷就是让村民有尊严地站起来，使受助人有尊严地实现自救。因而计

划一开始就从制度上设计了还款保证：借给灾民的一两万块钱，如果借款人还不了款就不能取得房屋房契；五户同时联保，即一户还不起钱，其他四户要替被担保户还钱。

就村民们的还款能力而言，根据调查，村民平均每年可还款4837元/户，其中收入最高的家庭年还款额可达到6万元。在还款期限上，由于帮扶计划限定了最高无息贷款金额为2万元，62%的借款农户可以在3年内还清借款，27%的农户可以在5年内还清借款，100%的农户可以在10年内还清借款。

这种还款能力的可行性，是与村民们的还款意愿紧密结合在一起的。2008年6月初，距离地震发生后还不到一个月，记者在方碑村采访时发现，很多村民已经下田插秧。他们的想法很简单：不插秧，今年的口粮就没有了。村民们在经历了最初的"恐慌"和"心痛"后，"自救"和"平静"成为很长一段时间内的基本心态。如今，漂亮的新房已经盖起来了，他人的关怀温暖着每个村民的心。村民王术全说，北京的一个家庭借助他家2万元，等搬入新家后，他要发展养殖业，再跑跑运输，"这么困难时别人伸出了援助之手，自己一定要讲信用按时还款"。在方碑村，像王术全这样已经行动起来谋划还款的人不在少数，他们有的打算好好发展养殖业，有的打算像地震前一样继续外出打工；有的则在地震后的重建热潮中找到了一份工作。按时还款的感恩之心激励着村民们挽起袖子大干一番，"自信"和"希望"成为村民们的基本心态。

还款保证、还款能力、还款意愿三位一体，使得"一帮一"计划通过制度保证、行动能力与自我意愿的共同维系，推动着村民们在地震面前有尊严地站起来。对借款人而言，这不仅意味着尊严，还意味着一种可持续的"造血"能力。那么，对于大部分属工薪阶层的出借人而言呢？

在"5·12"地震面前，民间力量在突发事件面前释放了超乎寻常的能量。有网友说，"公民意识和公民社会通过这次地震从上而下、从下而上地体现出来，是这次震灾体现出来的正面之一"。

然而，公民社会的公民精神不仅仅意味着众声喧哗——信息监督、舆情表达、志愿精神，还意味着一种有序的社会责任担当。由于种种原因，社会责任在中国逐渐演变为"大企业"的专利和"有钱人"的"分内之事"。于是，震后不久，那些被认为缺乏社会责任感，或者行动迟缓的企业在舆论的声讨下迅速身陷"捐款门"。"逼捐"也罢，自愿也罢，企业的社会责任、商人的社会责任，在这次天灾面前都得到了一次历练和升华。然而，企业有"企业公民"，个体也应该有"个体公民"。赈灾已经不单是国家的事情，不单是企业的事情，而是全体公民的责任。

慈善不再是一件奢侈品，有条件的普通人也应该并且能够参与慈善。在"一帮一"模式里，村民从认捐的一个企业员工那里拿到无息借款后，将有能力为重建住宅弥补上资金缺口；而出借人在帮助村民重建住宅的同时，付出的只是资金借出期间的银行利息。村民们获得的不仅是借款，还有自尊自立的精神和自力更生的能力；企业员工收获的不仅是爱心，还有个体公民的成长。如此，重建才能实现家园与心灵的双丰收；完整的公民社会——企业公民、个体公民和众声喧哗，才能够真正地建立起来。

（崔焕平 《北大商业评论》编辑）

三、行业协会：中国纺织工业协会与 CSC 9000T

2008 年 11 月 18 日，在"中欧供应链社会责任峰会暨 2008 中国纺织服装行业社会责任年会"上，行业达成了这样一种共识："在新的经济环境下，只有在合作中构建起共担社会责任的全球供应链，才能实现企业发展和包括劳动者在内的利益相关者受益的双赢。"

纺织工业是我国国民经济的传统支柱产业和重要的民生产业，2007 年我国纺织品服装出口总额达 1732.12 亿美元，全社会纺织服装出口额已占世界的 30%，全行业吸纳就业达 2300 万人左右，间接涉及 1 亿农民生计。[①]另外，纺织产业也是国际产业链中的重要一环。它是我国国际化程度最高的劳动密集型行业，对外贸易依存度较高，这使得该行业最先感受到国际经济环境恶化带来的挑战。特别是 2008年以来，受国际金融危机和欧美国家贸易保护主义的影响，以及人民币升值、要素成本上涨、消费减缓等因素交互作用，纺织服装企业生产经营十分困难。据中国纺织工业协会统计，2008 年 1~8 月，全国规模以上纺织服装企业利润率仅为 3.5%，全行业利润总额相对 2007年同比下降 10%，而亏损额比上年同期增长 66%。自 2008 年爆发全球性的金融危机以来，我国纺织品服装出口增幅大幅回落，出口企业效益锐减，国内市场压力加大、价格下降，企业资金紧张，一些中小企业停产、歇业，甚至关闭，出现职工下岗、农民工返乡的现象。在2008 年下半年出现了 2003 年以来的首度负增长；2009 年 1~5 月出口比 2008 年同期下降了 1.42%，整个行业处在困难的谷底。[②]

站在这历史的关键时刻，如何扭转行业整体下滑的局势，如何提高行业利润和坚持企业社会责任体系的稳固发展，这是纺织工业协会面临的严峻挑战。

（一）在危机中坚持行业自律≠利润下滑

在受到国际金融危机严重冲击的形势下，中国纺织服装行业仍然坚持行业自律，众多纺织服装企业坚持履行社会责任使命，在困难时期不放弃履行对员工、对环境、对社会等利益相关方的责任，积极披露行业、企业的社会责任信息。而切实履行社会责任，倡导行业自律的态度和实际行动，为纺织行业赢得国内外各利益相关方的信任与支持，增强战胜金融危机的信心，提高行业与企业的软实力与竞争力，转危为机，摆脱困境，实现可持续发展起到十分重要的促进作用。

很多人可能会认为企业履行社会责任会增加经营成本，或增加企业的额外负担，但 2008 中国纺织服装行业社会责任建设实践的年度

---

① 记者王娇萍：《负责任的企业更具抗风险能力》，《工人日报》，2008 年 11 月 18 日。
② http://www.csc9000.org.cn/cn/NewsDetail.asp？AID=23343。

报告显示，在中国纺织工业协会数年来在纺织服装行业推行企业社会责任的实践中，企业社会责任对企业生产效率和管理水平呈正向效应。①凡是认真履行社会责任的企业，由于注重了职工合法权益的维护，保持了职工队伍的稳定和劳动关系的和谐，往往加快了技术创新、产业升级的步伐，具备较强的抗风险能力。据中国纺织工业协会会长杜钰洲介绍，社会责任履行较好且注重自主创新的企业在纺织服装行业约占 1/3。而这些企业在纺织服装行业整体不景气的形势下，却实现了销售总额和利润总额双增长，其中 4376 户企业销售总额增长了 12.48%，利润总额增长了 54.92%，平均利润率达到了 17.41%。2008 年 1~8 月，这些企业利润率为 8.36%，远远高于同行业平均水平，其所创造的利润总额占到同行业利润总额的 98%。

（二）行业协会敦促企业坚持履行社会责任

纺织工业协会从两方面入手，促使企业社会责任得到切实履行：一方面，依靠标杆企业的引领，将社会责任的理念与标准辐射到供应链上的每个参与方，这将有效地渲染整个产业的自律氛围，而资本的"集体向善"，正是中国纺织服装产业实现升级的一个重要方向。另一方面，依靠中国纺织工业协会的组织优势与专业资源，致力、协助建立行业与企业层面上的社会责任绩效披露与考核的评价体系，从而使社会责任真正成为"产业政策中考量企业的一个重要指标"。②

1. 标杆企业形成良好的行业自律氛围

（1）"10＋100＋1000"项目。在国家发改委等有关部门的支持下，中国纺织工业协会于 2006 年 12 月 12 日正式启动纺织产业集群中国纺织企业社会责任管理体系 CSC9000T "10＋100＋1000"项目，即在十个左右纺织服装产业集群内选择百家骨干企业，建立中国纺织企业社会责任管理体系 CSC9000T，对上千家中小纺织服装企业进行

---

① 记者王娇萍：《社会责任对企业效率和效益呈正向效应》，《工人日报》，2009 年 6 月 29 日，http://www.csc9000.org.cn/cn/NewsDetail.asp? AID=26439。
② 王晴颖：《中国纺织服装：资本向善的集体发声》，《中国服饰报》，2009 年 6 月 29 日。

社会责任培训，并在项目实施过程中，为各产业集群骨干企业及中小纺织服装企业培养 1500 名左右企业社会责任管理人员。在 2007 年开展的"10＋100＋1000"项目中，110 多家企业积极开展 CSC9000T 管理体系的建设工作，这些企业中中小企业占大多数，但是无论企业大小，都对自身社会责任建设抱有浓厚的积极性并通过实际行动响应中国纺织工业协会的号召。

（2）十家领头企业联合发布社会责任报告。2009 年 6 月 29 日，在中国纺织服装企业社会责任报告联合发布会上，为了带动更多企业履行社会责任，北京铜牛股份有限公司、大进制衣厂（惠州）有限公司、华孚色纺股份有限公司、江苏红豆实业股份有限公司、经纬纺织机械股份有限公司、乔顿集团有限公司、泉州海天材料科技股份有限公司、山东济宁如意毛纺织股份有限公司、浙江报喜鸟服饰股份有限公司、浙江天圣控股集团有限公司 10 家中国纺织服装优秀企业联合发布社会责任报告，号召中国各纺织服装企业增强社会绩效信息披露和绩效公开的意识，积极履行企业社会责任，定期发布社会责任报告。这一举措不仅有利于树立中国纺织服装行业、企业负责任的良好形象，而且，这一面对危机勇于创新的先锋行动将有力推动中国纺织工业稳定发展，对我国加快产业结构调整，推动产业升级将产生十分重要的作用。

（3）标杆企业对执行企业社会责任的诠释。

信任产生回报——铜牛股份

此次发布社会责任报告的十大纺织企业之一的北京铜牛股份有限公司总经理刘杰表示，在金融危机的背景下，国际采购商看重的反而不再是"价格便宜"，而是供货商的信誉以及在用工、节能减排等社会责任履行方面的良好记录。"在恶劣的贸易环境下，只有负责任的企业才值得信任。选择关注职工福利、环境保护以及诚实纳税的企业，才能最大限度地规避风险。"把加强企业社会责任建设作为应对金融危机影响重要举措的铜牛得到了回报。铜牛股份不断得到大型采购商的信任，贸易业务量加大。同 2007 年相比，2008 年 H&M 在铜牛股份的贸易订单量增长了 130%。2008 年 1~5 月铜牛集团继续保持了稳步增长态势，销售收入同比提高 3.4%，利润总额同比提高 30%。

劳工权益保护的典范——报喜鸟

在金融危机面前，劳工权益仍然能够得到持续性的强有力保障，依赖的就是企业担当社会责任的魄力与实力。报喜鸟集团在劳工权益保护方面堪称典范。其董事长吴志泽认为："一个优秀的企业，不仅要让股东获得稳定增长的收益，更要让为企业发展做出贡献的员工获得丰厚的精神回报和物质回报。"2008 年，在外部环境恶劣的情况下，报喜鸟股份董事会与企业党组织双向互动，向员工郑重承诺，公司在危机的当头绝不因经济性原因裁员、不减薪、不降低福利，确保员工待遇和稳定就业，共渡难关，共创大业。

拥护公平竞争环境——山东如意科技股份有限公司

秉承对供应链上合作伙伴的责任意识，也令纺织服装价值链形成了真正和谐的多赢局面。山东如意科技股份有限公司针对价值链伙伴，制定了规范、公开的采购程序，并且通过制定《采购人员工作行为准则》，规范采购人员的职业道德标准。对符合公司采购标准的供应商采取一视同仁的态度，提供平等的参与机会；对国际国内销售商和代理商坚持公平、合作的原则，公司遵守当地的法律、法规，不低价倾销产品，不给予非法回扣等。由于公司良好的社会责任表现，2008 年德国 HOGO BOSS 公司在山东如意科技集团有限公司的订单量同比增长了 219.5%。2008 年，公司未受到过国外市场的反倾销调查。

消费者就是上帝——红豆集团

消费者作为企业履行社会责任的直接受益人，对于企业提升消费者满意度，提升经营业绩具有举足轻重的意义。江苏红豆集团建立了专门的消费者保护机制，制定了《不合格品召回制度》，要求产品从原料到成品必须标识清楚，具有可追溯性，同时明确不合格产品分类，建立和实施回收程序，以确保能及时召回不合格的产品。在公司严格的产品检验制度的保障下，报告期间没有发生任何红豆产品的召回事件。另外，社会责任的良好履行也最终让"中国制造"赢得了外部信任，收获了实实在在的订单。

2. 中国纺织企业社会责任管理体系——CSC9000T 的产生与推动

中国加入世界贸易组织后，特别是随着后配额时代的到来，企业的社会责任问题受到了国际和国内社会的普遍关注。几乎所有的欧美企业都对其全球供应商实施社会责任评估和审核，还有许多欧美国家企业要求进行"社会责任验厂"，只有通过审核与评估，才能建立合作伙伴关系。由此带来的问题是：同一个中国供应商可能要同时面对数家国外机构的社会责任验厂项目，虽然这些项目往往大同小异，企业却要重复支付不菲的验厂费用并组织专人应对，导致产品成本提高利润空间缩小。即使中国企业取得了相关社会责任认证证书，但证书本身存在有效期限、权威性和适用范围等方面的限定，企业也难以避免被重复验厂，我国很多纺织企业特别是中小企业对此叫苦不迭，却也无计可施。

然而，当时，国际上尚无一个有关企业社会责任的国际标准。虽然 SA8000 标准目前在国际上比较有影响力，但这类标准并不等于国际标准。因此，尽快建立一系列既符合中国国情又被国际公认的企业社会责任行为准则，是中国纺织行业可持续发展的当务之急。而作为全国性行业组织，中国纺织工业协会肩负着引导行业健康发展和实现国际化的历史使命。

2005 年 5 月，肩负着制定产业发展社会责任战略与政策，规范行业行为重任的中国纺织工业协会，以全球化的视野与超前的战略决策，通过长时间的研究、开发与比较，率先推出中国纺织企业社会责任管理体系（CSC9000T）总则及细则，树立纺织产业社会责任的"中国标准"，成为中国第一个成功推出行业自律性社会责任行为准则和社会责任管理体系的先行者和实践者。紧接着，2006 年发布实施指导性文件，并启动了试点工作。[①] 2007 年 CSC9000T 开始"10 + 100 + 1000"项目，2008 年完成体系扩展与升级工作，并正式发布《中国纺织服装企业社会责任报告纲要》，这是中国第一个行业性社会责任

---

① 爱慕、铜牛、报喜鸟、盖奇、汉帛、红豆、乔顿、如意、溢达等公司成为中国服装行业首批试点企业。

报告方面的指导性文件和指标体系。CSC9000T 依据我国法律法规，参照相关国际公约和惯例，同时考虑了纺织行业特点和企业需求，按照"规划—实施—检查—改进"的模式，建立企业落实社会责任的内在机制，使企业通过管理持续改进，达到可持续发展。

由于纺织工业协会对 CSC9000T 标准的强力推进，世界银行在其《世界主要企业责任守则、原则与标准》列表中，将 CSC9000T 列为国别标准体系的范例；而一贯对中国对外贸易"吹毛求疵"的美国贸易代表办公室如此评价道："CSC9000T 被设计为一种用以培训会员在遵循中国法律标准方面的最佳实践的能力建设项目"；数年前曾对中国纺织业严厉批评的欧洲外贸协会等国际组织则主动于 2008 年与 CSC9000T 达成体系互认的战略合作协议，使得 CSC9000T 在中国纺织服装制造领域的实施也延伸到国际供应链合作的层面。

试点企业之一红豆集团有限公司的总裁周海江说："以前外商来验厂，就是打我们的屁股，是打着往前走，现在我们行业里面搞 CSC 是牵着鼻子走，我们认为这是一个巨大的改变。"CSC9000T 实施以后，红豆集团在与员工的沟通方面创造了更加有效的渠道，对于员工的关怀、爱护、福利、关心到位以后，老员工春节以后的回厂率达到了 90% 以上，这对于企业产品的质量也有很好的保障。

北京铜牛股份有限公司副总经理古哲昭强调："CSC9000T 帮助我们建立了更加完善的社会责任管理制度，以制度解决问题，提升管理水平，规避社会责任风险。"[①] 铜牛的董事长林士昌也认为，"推行社会责任是我们可持续发展最基本的要求。首先，企业的根本性质就是要赢利、赚钱，股东要有回报，我觉得这不是一个短期行为，应该是一个长期的考虑。企业只有诚信，对社会负责任，才有可能有一个持续发展的后劲和结果。其次，作为企业应该关爱员工，真正地坚持以人为本。而 CSC9000T 的制度化程度很高，在具体执行方面有很强的可操作性。"

---

① 韦燕霞：《建设以人为本的和谐企业——中国纺织工业协会企业社会责任建设回顾》，2007 年 12 月 20 日，http://ctc.webtextiles.com/info/2007-12-20@268814.htm。

（三）引领中国纺织工业光明的未来

"履行社会责任是企业核心竞争力的表现，是企业发展的必然选择。"工业和信息化部副部长欧新黔表示，实践已经证明，切实贯彻《劳动合同法》等法律法规，认真履行社会责任的企业，其发展也更具活力和潜力。欧新黔呼吁，企业应着眼长远，绝不要因当前面临的暂时困难就放松了履行社会责任。在推进技术创新、结构调整，加快产品换代、产业升级的同时，坚持不懈地进行企业责任建设，才是企业走出困境的关键所在。

企业社会责任的履行关键在于如何更好地执行企业社会责任管理体系的标准。为了更好地将思想转化为实际的行动力，持续深入推进纺织服装行业的社会责任建设，纺织工业协会迅速将先进的理念转换成为了方向明确的行动纲领。继 2005 年建立 CSC9000T（中国纺织服装企业社会责任管理体系）以后，在 2009 年 6 月的中国纺织服装企业社会责任报告联合发布会上，纺织工业协会向公众披露了中国纺织工业协会宣布实施纺织行业社会责任三年工作规划，具体目标为：到 2011 年年底，全行业建立 CSC9000T（中国纺织服装企业社会责任管理体系）的企业达 500 家，按照 CSR-GATEs《中国纺织服装企业社会责任报告纲要》发布社会责任报告的企业达 100 家。其中，建立 CSC9000T 的 500 家企业将集中在销售额 1 亿元以上的企业，占销售超亿元企业总数的 8.1%；发布社会责任报告的 100 家企业重点为年销售额 5 亿元以上的优秀企业，占销售超 5 亿元企业总数 14.1%。[1]

建立属于具有中国特色的社会责任管理体系的意义是重大的，我们不但可以澄清欧美国家对我国纺织出口企业所谓"血汗工厂"的猜疑，提升中国纺织行业的国际形象，而且在立足于中国的基本国情的基础上，纺织工业协会正确建立起了符合当代中国实际企业社会责任原则与评价指标，使得企业深刻认识时代对企业社会责任的要求；确立了适合我国国情特点、具有现实针对性和可操作性的社会责任行动

---

[1] 张鑫：《纺织工业协会与企业联合发布社会责任报告》，《中国贸易报》，2009 年 7 月 2 日第 9 版。

指南。

中国纺织产品已逐渐成为国际市场大众消费的主流产品之一，中国纺织产业为全球消费者生活品质的提高以及全球经济增长、就业保障等方面做出了重要贡献。在经济全球化的背景下，中国纺织工业不仅创造物美价廉质优的产品以造福全球消费者，而且还要通过自身行动，推动建设负责任的全球纺织服装供应链。加强企业社会责任建设成为促进中国纺织产业升级、保持产业健康可持续发展的必然选择。而具有中国特色的企业社会责任的建立是中国政府、行业组织和企业的共同使命。"雄关漫道真如铁，而今迈步从头越。"中国纺织行业社会责任建设工作任重道远，但我们坚信，随着CSC9000T体系的稳步推进，我国的纺织工业将会在企业社会责任建设的道路上开创出一片新的天地，为中国经济的可持续发展，为中华民族的伟大复兴做出更大的贡献。

（李新星　清华大学公共管理学院）

四、公民个人：三鹿问题奶粉事件真相披露中的公民行动

（一）经济体制转型中的企业道德问题

2008年的"三鹿奶粉"事件，让沉浸在北京奥运会成功举办的喜悦中的人们心头蒙上了一层阴影。中国数以万计的家庭受三鹿奶粉影响，许多婴幼儿因食用三鹿奶粉身体健康受到严重损害，甚至死亡。

改革开放30年，我国市场经济深入发展，经济建设取得了举世瞩目的成就。但近年来，一些企业片面追求经济绩效，放弃企业道德。黑心棉被、致癌牙膏、苏丹红鸭蛋、敌敌畏火腿、陈化粮米饭、瘦肉精猪肉、吊白块馒头等，这些问题产品频频出现，极大影响了消费者的身体健康，也影响了我国企业和企业产品在人们心目中的印

象。"三鹿奶粉"事件发生后，一时间，新闻媒体上充斥着人们对不良企业经济道德和企业社会责任的批判之声。

随着我国市场经济的深入发展，企业独立经济主体地位得到强化。与此同时，市场经济条件下政府的职能发生转变，政府不再直接管理企业和干预企业的日常生产经营行为，而与此同时，政府相关部门对企业生产经营和产品质量等方面的监管机制还不完善，监管职能还有待于进一步强化，更重要的是，政府监管主要作为外部监管，监管职能无法深入企业内部，尤其是很难深入企业工艺流程的具体环节。

企业主体地位强化、市场化改革深入发展与政府监管职能的相对变化，在企业、市场、政府三者关系上留下了相对的责任空间，需要通过企业行为自律和企业社会责任填补。然而，我们用30多年的改革开放完成了西方发达国家两百多年走过的市场化历程，所存在的问题和不足在所难免，尤其是在企业文化建设和企业核心伦理观形成方面需要企业成员长期的实践认同和心理积淀，并非短期内可以完成。在企业价值原则缺失条件下，一些企业通过侵犯员工权益、损害消费者利益来降低成本，追求经济收益，不承担企业社会责任的现象就不可避免。

（二）冯东川的坚持与执著："三鹿奶粉"事件披露中的公民行动

2008年，在震惊国人的"三鹿奶粉"事件中，公民的权利意识、责任意识和积极参与行动，对反映问题奶粉和披露事情真相起到了至关重要的作用。徐州儿童医院的主治医师冯东川在三鹿问题奶粉的早期发现过程中，忠实地履行了一名医生的职责，行使了一位有良知、有责任感公民的权利，对于问题奶粉最终公示于众产生了至关重要的作用。

2008年7月，冯东川先后接收了7名肾结石和肾衰竭的患者，发病时间集中，症状极其相同，冯东川开始怀疑导致儿童出现结石症状的首要因素——饮食。

脱离母乳喂养期后婴幼儿所食用的奶粉成了冯东川怀疑的对象。在随后的工作过程中，越来越多相同症状的患儿求医使冯东川逐渐明确了问题关键所在。在诊治的过程中，通过询问和观察病情，冯东川发现患者儿童的饮食共性，就是所有的患儿均食用同一种品牌的奶粉，即"三鹿"奶粉。

冯东川陷入深深的焦虑中，他感觉到问题的严重性，于是，冯东川向中华小儿泌尿外科的创始人黄澄茹教授写了一封求助信，信里这样写道：

黄教授：您好！

我们从 7 月份开始，连续收治 7 名双肾结石、输尿管结石并肾衰竭的患儿。而过去 10 余年，我们从未遇到过类似情况。这 7 例患儿年龄在 4 个月至 1 岁。我们通过切开取石和放置 Double Pigtails，患儿肾功能均已经正常。其中一例开了三次刀。7 例中的 6 例为人工喂养，巧合的是他们吃的都是国产某著名品牌奶粉。开始我只认为是个巧合，可昨日有人告诉我湖南省儿童医院近几月也有类似情况，而且有 16 名这个品牌奶粉喂养的患儿已经向当地工商局投诉了，尚无结果。同样的事情出现在南京儿童医院。

不知道北京那边及其他地区是否还有类似情况。我个人认为和饮食可能关系较大，不知道您对这种现象有何看法。

奶粉会不会有问题呢？小儿泌尿外科学会能不能做些工作呢？

冯东川

求助信发出后，冯东川每天都在焦急地等待。面对着痛苦不堪的患儿，冯东川在日志里写道："我自己感到情况已经很严重了，我也向领导汇报了。可情况似乎越来越糟糕。今天又出现了两名双肾结石的患儿，已经定于今晚急诊手术。今天问了南京儿童医院的朋友，他同样遇到了这样的问题。某品牌配方奶粉很值得怀疑。我该再做些什么？除了告诉患儿家长最好不吃'三鹿'奶粉，我还该做什么？"

冯东川一边焦急地等待着黄教授的回信，并一边努力用科学实验证明自己的猜测，在希望引起外界注意，并劝阻患儿父母不要再给孩子食用"三鹿"奶粉。冯东川的努力并没有阻止事态的扩大，结石的患儿越来越多。截止到 7 月 26 日，不到一个月的时间里，患儿数量就达到了 18 例。冯东川对患儿病例进行全面深入的调查分析，更加坚定了自己的猜测。为了引起更多的人关注，冯东川在自己的博客上记载了自己的调查和发现，详尽地描述患儿的症状，同时呼吁大家引起对"三鹿"奶粉可能存在问题的重视。

终于有一天，冯东川等到了黄教授的来信。黄教授在信中谈道："肾衰竭的患儿一般都收到内科，我问内科医生，他说来内科找他的也不少，大概有 10 多例。有些经腹膜透析、有些经膀胱镜可看到输尿管口喷小碎石，有些则经插输尿管导管排下碎石，没有做'开刀'的，很快就都好了。我对他说了你们的病例，他说以后再见到类似病例，问问喂养情况，这些小儿都在一岁左右，家境比较差。"

黄教授的回信进一步证实了冯东川的猜测。为确定患儿病源，寻求更具权威性的调查，冯东川又向自己的老师——中华医学会小儿科分委会委员孙宁教授求助。在电话中，孙宁教授认真听取冯东川对奶粉怀疑的表述后，赞同冯东川的治疗方案，并表示会关注此事和组织人员进行深入调查。孙宁教授的表态肯定了冯东川努力的价值，也坚定了冯东川跟踪事态、揭露事实真相的信心与决心。

2008 年 7 月 25 日，孙宁教授委派的调查研究人员来到徐州市儿童医院。就在当周的一次手术中，冯东川在手术现场取出了一枚瓜子大小的结石，当面呈送调查人员，该患儿也正是食用了"三鹿"奶粉。在这次调查中，调查人员共带回 6 份患儿病例和结石样本回到北京，做进一步深入鉴定。

冯东川认识到，事情的真相很快就会揭晓。在日志中，冯东川写道："我的第 20 例喝'三鹿'奶粉双肾结石、肾衰竭的患儿在手术后终于病情平稳了。这也是所有病人中最重的一例。近日，不断有各方面的消息提示媒体已经关注这件事，尤其是一些有影响力的媒体。我的感觉告诉我，这件事要有结果了。希望所有为此受伤害的孩子能得到补偿，虽然伤痛是不可能用金钱来衡量的。"

冯东川在煎熬中终于等来了化验结果。随着真相被披露，"三鹿"生产销售掺杂三聚氰胺"有毒奶粉"的事实迅速传遍全国，新华社、

《兰州晨报》、《东方早报》等媒体单位率先报道了"三鹿奶粉"事件，英国的 BBC 电视台、美国的《纽约时报》等都在第一时间报道了中国的婴儿奶粉问题。卫生部提醒公众禁止食用"三鹿"奶粉，三鹿集团也不得不向公众承认自己的经过了 1100 多道检测工序的产品确实掺杂了三聚氰胺。

2008 年 9 月 12 日 11 时：卫生部要求各地统计"三鹿"奶粉致婴儿患病情况。总局发出通知，要求在全国范围内开展奶粉专项检查，凡发现三聚氰胺等质量安全问题的，立即责令企业停止生产、停止销售、查封成品。胡锦涛总书记、温家宝总理等中央领导同志连续作出指示批示，中共中央和国务院多次召开会议，对事件处置工作进行研究部署，国务院启动了重大食品安全事故（Ⅰ级）应急响应。

（三）公民行动是激励和监督企业履行社会责任的重要力量

如今，"三鹿奶粉"事件受害者的救治和赔偿工作在积极进行，事件相关责任人受到了法律的严厉惩处。然而，"三鹿奶粉"事件所引发的思考却是长久的。很多人赞誉冯东川是揭露"三鹿奶粉"事件的英雄，可冯东川认为，自己不过是尽到了一名医生和社会公民的职责。

30 年改革开放带给中国社会的一个显著变化是公民社会的成长和公民意识的形成。近年来企业社会责任在我国迅速发展的一个十分重要的原因在于公民行动推动企业责任行为。社会公民通过自身作为企业利益相关者的另一主体身份，通过"支持"或"抵制"等行为，对企业施加影响，通过企业途径表达和维护公民权利。这种源自公民的对企业的监督与激励是推进企业正视自身的经济行为，积极履行企业社会责任的重要原因。

当市场经济走向成熟，企业行为与社会生活的联系也将越发紧密。公民通过自身作为企业利益相关者的行动努力，是监督和激励企业履行社会责任的重要力量。我们有理由相信，这种力量将随着市场经济的深入发展和公民社会的成熟而不断得到强化。

（梁大林　北京工商大学传播与艺术学院）

第三章 2008~2009 年中国企业社会责任典型案例

本章通过 2008~2009 年中国典型的企业社会责任行动，介绍企业社会责任项目，诠释企业社会责任内涵，为我国企业社会责任的深入实践提供可供借鉴的范例。

一、招商银行：爱心操场，红动中国

2008 年 9 月，重庆市城东森林希望小学。

伴随着"爱心操场，红动中国"、"2008，我们来了"的响亮口号，应和着《解放军进行曲》强有力的节奏，城东森林希望小学的同学正在进行一场精彩的武术表演。孩子们动作整齐，精神抖擞，台下观众掌声连连。望着那一张张红扑扑的小脸，台下几名志愿者不禁心潮澎湃。在沿海发达地区的中小学里，这可能只是极其平常的一幕，但作为我国西南山区的一所小学，这一切却来之不易。它凝聚着许多到此支教志愿者们的艰辛付出，更凝聚着招商银行专项体育慈善基金对贫困边远地区孩子们健康成长的关注与支持。

（一）共铸爱心操场　践行阳光体育

重庆市黔江区位于重庆市的东南边缘，地处武陵山腹地，东临湖北省的咸丰县，西接彭水县，南连酉阳县，北接湖北利川市，是渝、鄂、湘、黔四省市的结合部，素有"渝鄂咽喉"之称，也是重庆市唯一的一个少数民族聚集区。黔江区城东森林希望小学地处黔江区城东街道，校园面积 2000 多平方米，校舍建筑面积 1000 平方米，教学条件十分艰苦。近年来，不断有志愿者来该小学支教，城乡之间的巨大反差引起这些支教老师的深深反思。

在我国边远农村地区，类似城东森林希望小学这样的情况还有很多，孩子们不仅在师资、教材等方面极其匮乏，而且缺少必备的体育锻炼场所、器材。如何科学、合理地引导孩子们身心健康成长成为一个十分迫切的问题。近年来，农村小学缺少体育锻炼设施的情况越来越严重。据"中国农村学校体育基本现状和发展战略研究"课题组的调查，贫困地区农村中小学体育教育现状不容乐观。在体育器材方面，农村学校的体育器材达标率仅为 39.1%，村级小学和教学点甚至不足 34%，学生每天参加 1 小时体育活动的要求难以落实。学生体育理论知识知之甚少，对篮球、排球、足球知识一知半解；对双杠、单杠、标枪、铅球等体操用具更是生疏，学生体育素质明显呈下降趋势。

体育是学校教育的一个重要组成部分，它与德育、智育和劳动技术教育互相配合，互相促进，是培养"四有"新人的重要途径。周恩来总理早在 20 世纪 60 年代就提出，要保证学生每天 1 小时体育锻炼时间。中共中央、国务院也发布了《关于加强青少年体育增强青少年体质的意见》。该《意见》指出，确保学生每天锻炼 1 小时。而目前我国农村教育资源的缺乏与师资力量的薄弱，农村的体育教育现状依旧不容乐观。

为资助贫困地区失学儿童重返校园，改善农村办学条件，中国青少年发展基金会发起倡导并组织实施了希望工程，建设希望小学。希望工程自 1989 年 10 月实施以来，已经援建希望小学 9508 所，在每 100 所农村小学中，就有 2 所是希望小学。希望工程在改善农村办学条件，提高办学质量方面取得了很大成效。

为了进一步关注希望小学学生素质发展情况，2006 年年底，中国青少年发展基金会针对"贫困地区小学的体育课开展情况"做了一个大型的调查，结果十分不理想。没有一所希望小学在教学体育器材方面达到国家标准，相当多的希望小学没有合适的体育设施，很多学校不能正常开展体育课、组织广播体操等。贫困地区希望小学体育教育效果不佳，主要有两个原因：一是体育教师资源匮乏，在许多希望小学没有专职体育教师，有的学校不得不由其他教师兼职来上体育课；体育教学程式化、单一化、刻板化，无法实施素质教育；二是学校经费不足，场地、器材匮乏，严重制约着贫困地区希望小学体育教育的开展。贫困地区希望小学教育经费原本有限，投入到体育中的经费更少，有些学校甚至连一副篮球架也没有，绝大部分学校的体育器材达标率远远低于国家标准，这也给学生带来体育锻炼过程中的潜在安全威胁。

针对这种情况，2007 年初中国青少年发展基金会提出"希望工程体育行活动"公益行动计划，力求通过 3 年的努力，争取全国所有的希望小学都配备符合国家标准的体育器材，同时还要帮助希望小学老师提高教学技能，使他们能够正确运用捐助的体育器材来开设体育课，举办运动会。

（二）慈善基金的募集

中国青少年发展基金会"希望工程体育行活动"倡议，率先得到了招商银行的响应。2007 年 3 月 27 日招商银行设立了"我和我的2008"专项体育慈善基金，启动"爱心操场，红动中国"项目，旨在凝聚全社会的力量，以捐建"快乐体育园地"方式，为符合一定条件的希望小学购买体育设施，帮助希望小学的孩子们改善体育教育现状。

招商银行一向以积极企业公民形象，投身社会事业，履行企业社会责任。在"希望工程体育行活动"中，招商银行充分发挥了自身的影响力，利用银行网络平台，通过各种渠道募集资金，与持卡人一起，将爱心传递给快乐操场上的孩子们。

为了使持卡人捐助"像消费一样方便"，招商银行启动了"短信捐款方式"和"网络捐款方式"。招商银行向持卡人统一发出捐款邀约短信："招商银行携手希望工程创立'我和我的 2008'慈善基金，发送'Y'到 6262955555，就可从你的信用卡中捐出十元，为实现孩子们的心愿献力。"

同时，招商银行号召网络捐款："登录招商银行信用卡网站即可选择金额直接捐助，为实现儿童的心愿献力。您的捐助与购物一样简单安全，捐助的金额将直接从您的招商银行信用卡账户扣除。在您献出爱心的同时还能累积招商银行积分哦。"招商银行向社会大众郑重承诺：自 2007 年 3 月 27 日始至 2008 年 6 月 1 日止，"您每成功申办一张信用卡，我们捐赠人民币 1 元；您每刷信用卡一次，我们捐赠人民币 0.01 元"。此举得到了广大招行信用卡持卡人的积极响应。

除了短信和网络捐款，作为"希望工程—招商银行专项体育慈善基金"的重要组成部分，2007 年 8 月，招商银行与易趣网合作推出的"明星捐献物网上慈善义卖"活动，该活动旨在通过邀请招商银行持卡名人捐献物品、持卡人参与竞拍的方式筹集资金。拍卖所得将全部用于"希望工程"贫困地区小学生的体育教育事业。

此次义卖拍卖的明星相关物品有姚明签名的篮球、刘翔签名的跑鞋和邓亚萍签名的乒乓球拍。竞拍物品在易趣最高竞拍者付款成功后 5 个工作日内，将由招商银行信用卡中心采取 EMS 方式免费邮寄至买家手中，客户无须支付任何运费。同时，此次"爱心操场，红动中国"网上慈善义拍活动首次引入"拍一赠一"方式，借此提升拍卖成交率和成交额。网友只要在易趣上成功拍得叶蓓、郎朗、俞敏洪、范敏等明星和企业家们所捐物品，就能获得与叶蓓等明星同往希望小学支教、巴厘岛六日四晚双人自助游等"赠品"，而拍卖所得将全部用于捐建贫困地区"爱心操场"，用于希望小学的体育教育事业。

从 2007 年 4 月起，招商银行信用卡中心定期将持卡人捐款总金额及所有基金运作情况在招商银行信用卡网站上公布，接受捐赠者的监督，同时也鼓励更多的持卡人加入到捐赠行为中来。

招商银行"爱心操场，红动中国"自 2007 年 3 月启动，截至 2008 年 5 月 20 日，"希望工程—招商银行专项体育慈善基金"已经募集到善款人民币 18216645.62 元，其中：招商银行信用卡持卡人捐款人民币 3744200.00 元，招商银行捐款人民币 14350413.62 元，慈善义卖 122032.00 元，而 1.5 万元即可为希望小学提供整套基础体育器材。①

（三）慈善专项基金的监管

与普通的基金运作不同，招商银行以银行特有的严谨和专业精神，实现了"阳光慈善"和"公益性经营"的无缝对接。"我和我的2008"专项体育慈善基金由招商银行信用卡中心和中国青少年发展基金会共同管理。招商银行信用卡中心专门设立了网站"爱心操场，红动中国"。② 网站在主页对"希望工程—招商银行专项体育慈善基金"进行了全面介绍，分为"招行捐赠计划"、"募集资金播报"、"善款使用全记录"、"走进希望小学"、"操场内外的感动"等几大板块。所有捐助资金数目、资金流向、学校受助情况等均在招商银行信用卡网站上定期公示，并每 10 天进行及时更新。除基金募集总额实时播报以外，每一个时间节点的善款收支情况、受惠学校现状、快乐体育园地配送清单等也都囊括其中，全方位向社会公示募集资金相关的一切信息。

网站专门开辟"快乐体育园地"栏目，介绍每所接受捐赠的学校的详细名称、学校地址、联系人，甚至建校及校舍翻新年份的全部内容均可以在该网站上找到。"每一笔款项的提交收据和收支报表都记录在案，每个受助学校都经过精心挑选，每一个体育器材的质量和安装都严格监督，对每一位持卡人的参与，招商银行和受惠学生都铭记在心。"招行项目负责人表示，通过这种信息公开和自觉自愿接受社会监督，可以确保每一笔善款的透明使用，这从根本上解决了持卡人对于捐助资金流向可能存在的各种顾虑，不仅得到越来越多持卡人的参与和支持，更赢得了社会各界的关注和肯定。

中国青少年发展基金会秘书长涂猛对此称赞道："招商银行在整个捐助过程中不仅捐出钱，更付出了感情。这么严格的慈善工程全程监督与管理，在目前的慈善活动中是非常之罕见的。"

---

① 数据来源：招商银行信用卡体育专项慈善基金网站，http://www.cardcmb.com/charity/playground.html。
② 网址为：http://www.cardcmb.com/charity/school.html。

（四）"爱心操场，红动中国"项目的实施

首先是志愿者的选拔工作。

由招商银行和《21 世纪经济报道》作为主办方，《南方日报》、《南方周末》、《21 世纪商业评论》、《南方都市报》、《南方人物周刊》、《东方企业家》、《环球企业家》、《新京报》、《名牌杂志》、《城市画报》等媒体为促进联盟，《理财周报》作为独家理财媒体支持，中央人民广播电台经济之声作为电台支持等发起了"爱心操场，红动中国"体育支教志愿者招募活动，深切呼唤志愿者加入，招募简章中写道："红色不仅仅是一种颜色。在此时此刻，红色象征着激情的 2008，红色凝聚着每个中国人的情感，同时，红色也是招商银行对客户'因您而变'的承诺！红色带来无数的感动，更是一种支持的行动，诚邀您和我们一起参与——红动中国，加入爱心操场的支教队伍！崭新的器材，喜欢运动的孩子，但是操场上还缺少一位快乐的老师！也许，孩子们期待的支教老师就是——您！拿出您一周的时间，和我们一起快乐体验吧！"以此招募"有爱心、有耐心、有责任感、有团队精神；吃苦耐劳，环境适应性强；受过良好教育，对于山区支教有想法和规划；有体育特长，熟悉并热爱某项体育运动"的支教志愿者。

志愿者支教活动由此展开。在支教开始前，招商银行作为组织者，利用 QQ、短信、电话等不同形式对志愿者进行培训，就支教地点、支教行程等问题一一沟通确定，使各位志愿者对本次支教活动有了直观的认识，也为后面支教活动的成功举办打下了坚实的基础。通过不同形式的初步沟通，怀着同一份爱心的志愿者们不再有距离，心灵更接近，目标更统一。

到 2007 年年底时，已经有来自全国各地的爱心志愿者分赴全国 14 个省的 16 所希望小学，同孩子们近距离接触，为他们带去体育知识，同他们共同分享运动的快乐。从 2008 年 9~12 月，不同地区爱心志愿者已分赴全国 12 个省共 27 个希望小学完成支教。黔江区城东森林希望小学就是"爱心操场，红动中国"体育公益支教活动的目标学校之一，共有 12 名志愿者在该校参加此次公益支教活动。这些志愿

者中有医生、记者、工程师、学生等，分别来自上海、南京、芜湖、菏泽、玉林、佳木斯等不同城市。在支教活动中，志愿者们为不同年级的学生设计了不同的课程：低年级的同学们将学习足球、篮球、乒乓球、综合体育及奥运知识，以提高学生们对体育的认识与兴趣，兼顾知识与娱乐于一体；高年级学生的课程以健美操、武术为主，辅以综合体育和奥运知识等，志愿者们表态：哪怕只有一个学生选课，也要将课上得最好！

其次是体育器材的选择。

首批资金捐助计划是：捐赠每所希望小学价值1.5万元的体育设施，援建一个希望工程快乐体育园地，每套体育设施包括篮球设施、单双杠设施、乒乓球设施、排球、足球、围棋、象棋、跳棋等。

"体育器材是否配到了最需要的地区？""体育器材的质量是不是过关？""体育器材安装得是不是到位？""孩子们在使用的过程中是否安全？"这些都是爱心使者和志愿者们尤为关心的问题。在体育支教活动开始前，志愿者们为了让孩子们安全、舒适地使用体育器材，对体育器材做了精心挑选。

支教活动开展早期，支教志愿者去了肥西文华希望小学和广东河源的福和希望小学，除了给孩子们上课之外，他们就是去查看捐助的体育器材质量是否过关。多次观察后，志愿者们发现了一些问题：例如，乒乓球是相对最容易玩的项目，抢着要玩的孩子特别多，球拍不结实很容易坏，所以球拍应该更结实一些，避免短期内就报废的可能性；单杠的高度不合适，对矮个的孩子来说够不上，而对于个高的同学来说又无法锻炼，所以单杠应该根据全校学生的平均身高来安装，再适当地增加或者降低高度等。

"希望工程快乐体育园地"是青基会发起的，青基会每年度有体育器材供应商招标会，体育器材按教育部《小学体育器材设施配备目录》选配，包括篮球架、乒乓球台、单双杠、小足球门、跳绳等。为了解决体育器材的质量问题，严格把控捐助体育器材的质量，招商银行慈善小组争取到了以"终审委员会成员"的角色参与"希望工程快乐体育园地"的年度招标，力争为山区的孩子们送去更好的、更适合他们的体育器材。

2008 年 8 月下旬，是中国青少年发展基金会新一年度"希望工程快乐体育园地"体育器材供应商招标的日子。在北京市芦城体育运动技术学校，9 家前来应标的厂家依次将自己生产的器材摆放在学校里供各位委员们挑选。为了能选到最好的器材，青基会专程请国家体育总局体育器材装备中心邀请了 7 位分别来自国家体育总局、北京体育大学、国家体育用品质检中心、国体认证中心等体育器材方面的专家进行质量把关。招商银行慈善小组的代表们根据教育部《小学体育器材设施配备目录》为孩子们挑选体育器材，非常认真地听取专家的评论和意见，并对所有的器材亲身试用，一一进行对比，力争为孩子们挑选出安全放心的体育器材。

经过招商银行慈善小组、青少年发展基金会和志愿者代表以及器材供应商的多次沟通和确认，文华希望小学、福和希望小学和重庆黔江森林希望小学的体育器材先后配送到位。

最后是项目的实施。

正如重庆黔江城东森林希望小学迎来一批志愿者一样，招商银行"爱心操场，红动中国"体育公益支教活动在许多偏僻的乡村小学红红火火地开展了起来。招行支教志愿者们的口号是"走进希望小学，和希望同行"。自活动开展以来，支教志愿者们的足迹遍及了云南武定希望小学、云南永仁县中和镇招银直苴希望小学、四川宜宾长宁县希望小学、重庆黔江森林希望小学、易阳军田希望小学、安徽肥西大名新河希望小学、湖北张菁希望小学、安徽文华希望小学、广东福和希望小学等。截至 2008 年 9 月份，"爱心操场，红动中国"已在 5 个省区开展了多姿多彩的体育支教活动。来自五湖四海的志愿者，带着他们满腔的爱心和激情，才能与智慧，欢聚一堂，主动与当地学校的老师学生及村民进行深入的交流和沟通，建立了信任之桥，搭筑了爱心之家。

不仅仅是招行普通员工参与支教活动，招行的领导们也积极带头加入支教活动中来。

2007 年，招商银行重庆分行领导带领员工，对石柱县南宾、临溪、三河 3 个乡镇的 4 所希望小学捐赠了价值 16 万元的体育器材，为 2000 多名土家山寨小学生提供了锻炼身体的必备器材；

2008 年 3 月 26 日，招商银行南昌分行领导带领"爱心操场，快乐支教"行动小分队一行 12 人，带着 300 份文具及体育用品，来到南昌县向塘镇梁西爱心希望小学开展一场以奥运为主题的慈善爱心支教活动；

2008 年 4 月 9 日，招商银行杭州分行在办公室董绍林主任及信用卡部刘恩莉副总经理的带领下，一行 20 余人来到藻溪镇小学，开展 "爱心操场，红动中国"的快乐体育支教活动；

2008 年 4 月 17 日，招商银行福州分行的领导和员工代表一行到福州希望小学开展"爱心操场，红动中国"支教活动，并为学校捐赠一批图书和体育用品；

2008 年 5 月 14 日，怀着对武定贫困山区的深情关爱，招商银行昆明分行副行长秦晓春携手知名演员叶蓓、《北京青年报》、东方卫视、《云南日报》、云南电视台等 14 家新闻媒体以及信用卡持卡人奔赴武定县发窝乡中心小学举行"爱心起航·支教武定"捐赠活动；

2009 年招商银行重庆分行的干部职工来到石柱开展"爱心支教"活动，为南宾镇双庆森林希望小学的学生们送来了学习用具和体育用品，并举办了一场别开生面的奥运知识竞赛活动，招行银行重庆分行副行长张鹏表示将一如既往地关注希望小学的成长与发展；

……

在对希望小学的援助与捐赠中，招商银行并不是将行动定位于某种应急性的救助，而是希望通过切实的行动，改变因贫困而产生的城乡教育间的差异，帮助孩子们充实知识，锻炼体格，树立积极、健康、自信的心态，为以后平等参与社会生活奠定基础。对于招商银行的"爱心操场，红动中国"活动，青少年发展基金会秘书长涂猛给予了高度评价。涂秘书长感叹道："半年多和招行的合作，我感觉招行是有公益品质的团体，捐款者当中有一个最高的境界，这个境界不是关心我自己的捐款本身的一个项目，更多是关注受益人有没有因为我们的捐赠而发生了一种积极的变化，招行就是如此。"

（五）"爱心操场，红动中国"项目的典型意义

两年多来，"爱心操场，红动中国"活动涉及全国五个省区，招商银行体育慈善基金使许多农村孩子有了亲身体验运动之美和感受体育精神的机会，为改善乡村孩子的学习锻炼环境、提升孩子的身体素质创造了条件。

在这次慈善公益行动中，许多招行持卡人和支教志愿者都感受到了一种强烈的责任意识与参与、奉献后的充实。正如一位参与"希望工程—招商银行专项体育慈善基金"支教活动的志愿者表示："没想到一次短期支教，却让自己亲身体验到了众多爱心合在一起的力量，这种力量能换来孩子们最纯洁的笑脸，换来他们对美好生活的信心，也换来自己将慈善爱心坚持到底的信心！"

招商银行"爱心操场，红动中国"行动反映了企业社会责任的本质内涵，为我们科学理解企业社会责任提供了一项典型案例。

近年来，随着我国经济体制改革的深化，我国的企业不断加强行为自律，积极承担企业社会责任。然而，我国许多民众包括相当一部分企业并没有真正认识"企业社会责任"的本质内涵，有些企业管理者也仅仅将企业社会责任理解为企业在社会需要时简单的捐款捐物。这种对企业社会责任的狭隘理解限制了企业社会责任的发展，也影响了企业社会责任的形式创新。

事实上，企业社会责任在欧美国家的发展在一定意义上取决于人们对企业性质的认识的转变。在传统的主流经济学理论解释中，企业仅仅是一种经济组织形式，企业集聚资源，通过技术转换和经营活动，生产产品，提供服务，追求最大化经济利润。然而，随着现代市场经济的发展和社会生活的变迁，越来越多的人认识到，企业行为与社会生活的联系越来越紧密，企业发展不仅改变人们的经济生活，更重要的是，企业在生产经营过程中，对资源、环境、就业甚至政府行为等社会生活各个方面都将产生一定的影响。在此意义上，企业已不仅仅是股东或投资者的企业，在现代市场经济条件下，企业的生产经营行为受股东、员工、经理人、供应商、分销商、消费者、社区、地

方政府、行业协会等一系列利益相关者的影响，与此同时，企业的行为也全面渗透社会生活，影响着利益相关者的利益。企业这种"影响"和"被影响"面的扩大是企业社会化的一个重要表现，这种转变也改变了人们关于企业"股东至上"的传统理解，企业成为"利益相关者的企业"，这是企业承担社会责任的重要逻辑基础。因此，慈善捐赠等出自企业管理层决策的行动只是企业社会责任的一个方面，在企业社会责任行动中，企业更重要的是作为一个利益相关者和大众了解社会问题的平台，或者提供社会问题解决的一种途径。利益相关者通过企业实现能力会聚和有序组织，为参与社会问题的解决贡献力量。

在"爱心操场，红动中国"活动中，招商银行并不是以企业名义捐钱捐物，直接参与贫困地区希望小学的体育设施建设，而是凭借企业影响力，利用企业既有的网络平台，通过银行网点和短信等形式，向招商银行持卡人和社会爱心人士传递信息、表达意愿、提供平台，通过招商银行汇集社会力量，组织人力、物力、财力和其他社会资源，共同参与社会问题的解决。企业影响越广，能力越强，相应的责任也就越大。在这个意义上，招商银行"爱心操场，红动中国"行动具有典型意义，它让人们更好地理解企业、社会、责任三者之间的关系。

（余勇 北京大学光华管理学院）

二、万科：非常态下的企业社会责任

截至目前，由万科投资的 1 亿元，主要用于四川绵竹市遵道镇的灾后建设的工程中，65%的援建项目工程已经完成，款项支出与工程完成情况一致。其中，2008 年 12 月 31 日落成的遵道镇教学楼及卫生院综合楼，不仅是灾区最早启用的设施，而且也将成为震后首批企业捐建的永久性公共建筑。值得一提的是，这些建筑采用了先进的抗震技术，可满足 9 度抗震设防要求，达到国家建筑抗震设计规范所规

定的最高抗震设防标准。并且，由万科公司员工捐赠 500 多万元援建
的遵道幼儿园已在 2009 年六一儿童节前交付使用。

（一）万科企业社会责任回顾：环境、经营、社会

越来越多的企业开始强调它的社会责任，其实，我们评价一个企业社会责任的作为不能仅仅关注类似地震这种非常态下的事件，而是更应该全面地去研究探讨企业的长期行为。"5·12"地震发生后，"万科事件"曾引发人们广泛的关注与讨论。我们不能因为单个事件而否定一个优秀企业长期的社会责任努力，以下拟从环境、经营和社会三个维度，列举并评述万科长期以来的社会责任行为，力求还原万科本真的企业公民形象。

1. 环境——致力倡导"工业化住宅"

我国房地产业在促进社会经济进步、改善居住环境的同时，住宅的建造过程与使用过程中带来的能耗、排放等方面问题不可忽视。据建设部的公布资料显示，建筑建造和使用能耗占全国总能耗的 30%，住宅用水量占城市总用量的 47%，建筑钢材用量占全国总用量的 30%，建筑水泥用量占全国总用量的 25%。

针对房地产业在能源、原材料方面的高额消耗现象，近年来，万科开始创建"工业化住宅"。所谓"工业化住宅"，是指用工业化生产的方式来建造住宅，以提升住宅的生产效率，提高住宅的整体质量，降低成本，降低物耗、能耗。"工业化住宅"是对传统机械化程度不高和粗放型住房建筑方式的升级替代，在提高建筑质量，提高企业制造效率的同时，节能、环保、减排等方面效应则更加明显。据测算，与传统制造相比，工业化住宅减少施工用水量、混凝土损耗、钢材损耗均约为 60%，减少木材损耗、施工垃圾、装修垃圾均约为 80% 等。万科"绿皮书"表示，未来万科将致力于"工业化住宅"这一场建筑技术的变革，并将在今后 3 年内开展相关设计评估工作，进行工业化及非工业化住宅的节能比较。在万科看来，"工业化住宅"是中国建筑业的一次深层次革命，是对未来行业可持续发展模式的战略选择。

根据"住宅工业化"理念，万科建立了高于国家标准的《住宅产

品性能标准》，拟通过对产品的性能指标和关键技术措施的把握，从室外环境、室内环境、资源利用、建筑安全、建筑耐久五大方面提高住宅产品的性能水平。同时，万科将研究如何在对环境影响最小的前提下提高居住的舒适度。

2. 经营——"不囤地、不捂盘，为小股东赚钱"

"万科坚决不囤地、不捂盘，照样能实现良好业绩和快速发展。"王石在日前万科举办的"人居建筑与可持续发展论坛"上如此表示。王石认为，在一个房价、地价向上的市场里，囤地、捂盘可能确实提高了利润率，但同时降低了周转率。万科走的是快速开发路子，这样利润率可能低一点，但是资产回报率却更高，并不会影响公司的未来成长。据王石介绍，万科每一年年底持有的土地都略微低于未来两年的开工量。"万科不是没有能力去获取更多的土地，而是因为觉得目前这个数量刚刚好。"

"做简单而不是复杂，做透明而不是封闭，做规范而不是权谋，做责任而不是放任"，这是20多年来万科一向秉承的价值理念。在这一思想指引下，透明的治理结构、拒绝商业贿赂、依法纳税、提供产品质量、保护员工及消费者权益，已成为万科经营中的一贯原则。在坚持这一原则的同时，万科对自己提出更高的社会责任要求，并计划从以下四个方面践行公司社会责任：均好中成长、建设和谐社区、与员工续创健康丰盛的人生、追求与合作伙伴共同进步。与此同时，"实现对中小股东权益的充分保护"被列为万科"绿皮书"（万科企业社会责任）的主要内容。"公司在为中小投资者赚钱。因此，公司资本规模扩大、占有率上升，其实是让更多的行业利润分配给中小投资者。"王石表示，万科将保持合理的分红策略，在和各类股东的不同诉求中寻求平衡点等。另外，万科将坚持在财务、管理、经营策略的透明，在信息披露的及时、充分、透明和公平性方面不懈努力。万科通过各种方式加强与投资者的沟通与互动。

3. 社会——"能力越大，责任越大"

在理解企业社会责任问题时，万科"绿皮书"如此表示："能力越大，责任越大，这是万科从成长到优秀进而追求卓越的过程中最深刻的感受。"为此，万科设立了"企业公民办公室"，专职负责公司的企业社会责任工作规划并监督项目实施，评估公司的主要社会责任态度与立场；向股东大会申请专项经费，在参与必要的济贫、兴学、救灾、支持相关非营利性非政府组织发展的同时，重点用于公司战略性社会公益项目；申请筹办"万科公益基金会"；向社会报告公司企业社会责任工作的成果和不足。

根据企业在主要经营领域中所涉及的具体社会问题，近年来万科主要致力于从以下四个方面实现企业社会责任投入：一是通过"小户型的研究与推广"，开发建筑面积在90平方米/套以下的主流客户需求户型、45平方米/套以下的青年人置业户型，实现高效利用土地资源；二是资助工业化住宅基础教育与本土青年建筑师竞赛，2007年至2010年万科将与不少于6家重点技校、高职院校进行校企合作等；三是研究城市低收入人群居住模式，2006年万科举办第一届"海螺行动"，面向全社会征集城市中低收入人群居住解决方案，在2010年之前，"海螺行动"将持续进行对城市中低收入人群居住问题的全面研究；四是关注并支持非营利性非政府组织公益项目，如致力于改变北方荒漠化状况的生态保护阿拉善SEE协会。

可以说，万科一直是中国企业界内的社会责任标杆，多年来一直致力于宣传和践行企业社会责任。

（二）再看王石和万科的"错误"——非常态下的企业社会责任

1. 一石激起千层浪——"捐款门"

2008年的中国经历了太多。蔓延南方大地的空前的雪灾，让我们悲痛万分的汶川地震，无与伦比、举世瞩目的奥运会，漂洋过海影响中国的金融海啸……

2008年的万科同样不平凡。在那个阴霾的5月里，万科陷入了历史性的谷底。正当举国上下都沉浸在汶川大地震带来的惊慌和悲痛之时，国际国内社会各界对损失惨重的四川灾区慷慨解囊，王石却在自己的博客上公然宣布了这样一段话："对捐出的款项超过1000万元的企业，我当然表示敬佩。但作为董事长，我认为：万科捐出的200

万元是合适的。这不仅是董事会授权的最大单项捐款数额，即使授权大过这个金额，我仍认为 200 万元是个适当的数额。中国是个灾害频发的国家，赈灾慈善活动是个常态，企业的捐赠活动应该可持续，而不成为负担。万科对集团内部慈善的募捐活动中，有条提示：每次募捐，普通员工的捐款以 10 元为限。其意就是不要慈善成为负担。"

网友开始在王石的博客上跟帖留言，称王石"太冷血"，还有网友贴上了同期其他企业的捐款数额，如"富士康：6000 万元；中国移动：4455 万元；联想：1000 万元……"一网友非常失望地发帖子说："同其他企业相比，也同自身的实力相比，万科太抠门儿了！"在国内的网站上也出现了标题为"万科限员工捐款 10 元以内"的新闻报道，引发诸多媒体转载，在各网络媒体地震新闻源源不断的情况下，这条新闻长时间地被放在了醒目位置。于是，"冷血"、"无情"、"小气"等谴责开始扑面而来，王石以及万科一夜之间被推上了风口浪尖。而在资本市场，万科 A 股票价格也从 5 月 15 日的 22.99 元下跌至 26 日的 18.7 元。

王石在博客上的那番言论，或许基于慈善公益行为必须保证对规范公司治理机制的充分尊重这一理念，或许出自对万科长期以来社会责任行为所形成的道义自信，或许他本人尚未充分意识到灾难的惨烈，或许还有其他方面的种种原因。然而，在大灾初发的非常时期，在网民们非常心理状态下，这篇博文立即引致诸多质疑和批斥。一时间，社会各界的舆论蜂拥而至，反对的声音纷至沓来。人们深陷大地震引发的悲痛情绪状态当中，对万科长期以来的社会责任付出似乎已视而不见。王石本人连同万科这个中国地产界的领军企业一时深深地陷入关于道义与责任的各种责难之中。

2. 诚挚道歉，不作秀

万科是一家上市公司，所有财产属于股东。第一大股东华润集团持股仅 15%左右，管理层基本不持股，因此公司的公益捐款必须在股东大会授权下进行。从 2006 年开始，股东大会给予万科每年的企业公民建设费用授权额度为 1000 万元，在地震发生前已经在救助南方雪灾等责任行动中使用了近 800 万元。

　　然而，优秀的企业往往承载着人们过高的责任期待，任何言论不当或行动过失都可能对企业产生极大影响。事发后，王石立即意识到了自己言论引发的问题。5月21日王石向社会做出公开道歉："这段时间，我也为我这句话感到相当不安！主要是基于三方面原因，一是引起了全国网民的关注，伤害了网民的感情。二是造成了万科员工的心理压力。三是对万科的公司形象造成了一定的影响。在这里对广大网友表示歉意！"6月5日上午，万科股东大会上董事长王石再次选择了无条件地向股东道歉，承认自己在博客上的不当言论导致万科品牌形象遭受影响。

　　更重要的是，企业的社会形象根本取决于企业自身的责任行动。大地震后，就在网民们对王石言论质疑、斥责的同时，万科在灾区已展开及时、充分、高效的救灾行动。

　　在地震发生的当日，万科立即决定将股东大会授权额度剩余的220万元全部捐出。同时，管理层召开紧急会议，决定将股东大会授权的剩余可用捐款额度全部捐出，同时做好了向董事会、股东大会申请特别额度的准备。当晚，集团执行副总裁解冻、总工程师赵汉昌即试图前往灾区但因交通中断而未果。为获取股东大会的特别授权额度，万科紧锣密鼓地展开工作，寻找对灾区最有价值的努力方向，尤其是寻求能发挥万科专业优势的具体项目。为此董事会主席王石、总裁郁亮等多名公司管理人员、技术骨干及外聘专家先后赴救灾现场了解情况，以便向董事会、进而向股东大会提出增加救灾投入的议案。

　　5月13日，董事会主席王石在中城联盟、阿拉善SEE生态协会内部发起募捐，并开始联络国内外结构抗震专家。同时，万科在成都出资租用6台大型平板车、6台挖掘机和4台装卸车供政府调配，赴都江堰灾区救援。

　　5月14日，王石在北京参加"绿丝带行动"启动会，总工程师赵汉昌几经辗转取道重庆前往灾区。

　　5月15日，王石在北京协调阿拉善协会等组织共同发起的"拉住孩子的手"救灾慈善活动。当天，装载价值数十万元急救药品、食品等救灾物资的两个车队分别前往重灾区彭州市和绵竹市。

5月16日，王石、郁亮赶到灾区，王石带领国内结构专家组前往都江堰勘测灾后建筑情况，郁亮在万科成都楼盘看望业主并与成都公司探讨下一步救灾工作。进入灾区后，万科领导层发现，有超过500万人需要重建家园，解决临时安置问题迫在眉睫，灾后恢复与重建任重道远。万科非常希望能够在这个方面尽一分力。而作为一家专业房地产开发企业，万科本身在这方面也具备一定优势。管理层经讨论，初步考虑以抗震技术或灾后援建作为万科参与抗震救灾的主要工作方向。

5月17日，王石与专家组赴北川继续考察，郁亮带队赴遵道运送赈灾物资并了解灾区安置、援建需求。当晚，管理层经讨论确定向董事会建议，以灾后安置、恢复及无偿援建为未来主要工作方向，并初步选定遵道镇为援助重点。

5月18日，王石、郁亮分头与董事会成员进行电话沟通，将灾后安置、恢复和无偿援建工作确定为参与抗震救灾的主要工作方向，并初步选定绵竹市遵道镇为重点。郁亮赴遵道镇协调临时安置的启动工作。

5月19日，公司董事会以通讯表决方式，全票通过决议，决定召集临时股东大会，提请股东大会追加1亿元的特别授权额度，以纯粹援助、不取任何回报的方式用于以绵竹市遵道镇为重点的临时安置、灾后恢复与无偿援建工作。

5月20日，万科在武汉包下一架专机，向灾区送去急需的924口锅、卫生巾及护垫各1万片、3000个口罩、3000双手套、100顶帐篷、2100瓶84消毒水、5700袋板蓝根、1000盒止泻药氟哌酸、720瓶清凉油、600瓶风油精、60桶食用油、500斤盐、1万双筷子、200个水勺、1万个饭碗、4000个饭勺四大类共16个品种的赈灾物资。

从5月16日到5月22日，万科8名执行副总裁中有4名曾前往灾区参加救灾工作；王石的一半时间、郁亮的大部分时间用在灾区。

灾后恢复与重建是一个长期的过程，至少需要数年的时间，其中不仅包括建筑的重建，也包括产业的恢复。除了灾后短期内应急性救灾举措之外，灾后一年多时间里，万科主要将企业在灾区的社会责任行动集中于四川省绵竹市遵道镇的灾后重建中。

遵道镇面积 32.75 平方公里，其中耕地面积 19505 亩，辖 10 个行政村，以农业人口为主，农业人口达 20314 人。在地震中，98%的房屋损毁，包括镇政府办公楼在内的大批建筑倒塌，镇政府班子半数成员在地震中遇难，救灾组织工作任务艰巨，同时余震不断，物资紧缺，当地灾民急需得到住宿、医疗、食品、用电等基本生活条件的帮助。

由于人员伤亡相对较少，遵道在最初的紧急救援阶段未被列为重点地区，政府力量暂时顾及不到，万科是第一支进入遵道的专业救援队伍。5 月 18 日起，万科大规模介入绵竹市遵道镇的紧急救援安置工作。当日，万科从成都调集大型机械 10 余台，组织员工志愿者和协作工程人员约 150 人参与，承担了大部分平整场地等重型作业和一半以上的帐篷、板房搭建工作，从成都和全国各地调集了大量紧缺的救灾物资。同时，万科牵头成立了志愿者协调办公室，与镇政府及其他救灾力量通力合作，分发生活物资，恢复医疗、治安、供电，遵道救灾工作得以有序进行。到 25 日，当地社区已经基本恢复了运作，伤病人员已经由帐篷转入条件较好的板房。

为保证万科在遵道镇的行动出自纯粹的企业社会责任行为，万科郑重声明，不在遵道镇乃至整个绵竹市开展商品住宅、旅游开发或其他任何内容的商业投资活动。除无偿参与遵道镇的重建规划外，万科计划无偿为灾区提供部分安置用过渡性简易住房，并无偿为遵道镇援建社区中心、医院、教育设施等公用建筑。万科参与灾区的临时安置、灾后恢复与援建的全部工作，均为完全无偿（不取任何直接和间接经济回报，不回收任何成本）的纯公益性质；万科在整个灾区灾后重建的全过程中，不承揽任何有回报（包括能回收全部或部分成本）的重建业务。

目前，万科已完成遵道镇社区中心（包括镇政府救灾指挥部、派出所以及社会援助组织办公点等）、1000 平方米卫生院以及所辖 10 个村落的医疗点各 80 平方米的板房搭建，建立居民安置点 4 个，安置了镇区一半的受灾人口，加上遵道所属各村，合计安置受灾群众

4000人以上。

(三)　让灵魂跟上脚步——理解转型时期的中国企业和企业社会责任

一年多来，万科向灾区提供的援助总额超过1亿元人民币。大爱无言，大善无声，万科在灾难前坚定而执著的责任付出，赢得了人们的理解与尊重。

然而，万科一直以来的企业社会责任行为和在救灾和重建中的种种表现，也引发我们深深的思考。

企业社会责任是与现代市场经济伴生共成的必然现象，但在我国当前却依然是一种新兴事物。企业社会责任在中国的良性发展，既取决于企业的责任意识和责任能力提升，更取决于社会对企业社会责任本质的理性认识与合理期待。改革开放30多年来，随着社会主义市场经济的深入发展，企业的独立市场主体地位得到肯定与强化，企业自由自主追求利润的经济行为在国家层面和体制层面上得到充分的张扬，这是30多年来我国经济建设长期高速增长的根本原因。但是，30多年的改革开放和经济建设，也遗留下诸多方面的社会问题。有些问题与企业经济行为直接相关，如贫富差距、环境污染、资源浪费，而有些社会问题则独立于企业的直接经济职能，如公共医疗、养老、教育等领域存在的问题。这些问题的存在影响到了经济的可持续发展，影响到了社会和谐，而这些问题的解决却无法依赖单一的政府公共经济职能。因为，随着我国市场经济的深入发展和融入经济全球化进程的加深，相对于传统经济体制而言，政府影响经济生活的权力和能力均受到一定的规范、限制与约束。因此，社会问题的解决必然需要寻找独立于政府行为的另一条出路，需要诉诸市场经济中最主要的经济主体——企业。而在我国现阶段，一方面，企业对自身社会职能的自我意识、自我认同落后于企业经济职能的发展；另一方面，社会民众对企业社会责任的性质尚未形成科学的理解，在非常态时期对企业的责任期待更是带有非理性的方面。在此意义上，我国企业社会责任的深入发展需要政府机构的积极引导，更需要企业与社会良性互动。

通过万科案例，我们认识到，社会民众对企业的责任期待无可厚非，但前提在于尊重企业作为经济单位的基本性质，尊重企业自身的治理结构和职能权限；社会民众还应当正确区分常态下企业社会责任付出与非常态下对企业的责任期待，区分企业行为与企业家个人言论。在性质上，企业的社会责任并不仅仅停留于社会公益和慈善捐款，不能仅仅靠捐款的多寡来衡量责任水平。对某个企业的社会责任状况的评判更应考虑企业长期的责任投入，考虑企业对各利益相关者的责任付出。

而对于企业而言，社会责任行为不应仅仅停留于一种取决于企业家个人意志的个体性、自发性和偶然性行为，我们应该建立一种长期、稳定的长效机制保证企业社会责任的良性发展，将企业社会责任合理嵌入传统公司治理机制，使二者有机结合，使社会责任成为深入企业结构、影响企业行为的文化基因。

早在1908年，美国钢铁公司总裁伯金斯就指出："企业越大，能力越大，责任相应也就越大。"积极践行社会责任，是万科这样优秀的企业责任意识和行动能力的综合显现，同时，积极践行社会责任，同样也能使万科这样的优秀企业获得社会的尊重与认可，实现品牌、声誉等方面的提升。

孔子说：道不远人，人之为道而远人，不可以为道。社会责任与企业商业行为应当协调共生，相互影响。社会责任行为将会形成真正良性的口碑，提高员工的忠诚度、影响到整个上下游产业链，促进企业的可持续发展。

责任，与现实中每一个体的社会定位、职责定位和职能分工相关。它是个人安身立命的根本，是家庭幸福稳固的保证，是国家强盛、社会和谐的基石，同样也是一个企业、一个行业得到社会认可和实现长远发展的前提条件。在我国现阶段，企业社会责任是联系企业和社会的一个纽带，然而也是一个任重而道远的建设过程。30多年的市场化改革，强化了企业的经济职能，却在一定程度上忽略了企业的社会化建设。所幸的是，越来越多如万科这样的优秀企业作出了行动表率。

"让灵魂跟上脚步！"

——王石

（赵亚男　北京大学光华管理学院

郭　毅　北京工商大学经济学院　中国企业社会责任同盟特邀专家

张　群　北京工商大学商学院）

三、广汽本田：感世界而动

1997 年，由广州汽车集团公司和日本本田技研株式会社共同出资的广汽本田汽车有限公司（以下简称广本）在广州正式成立。2007 年 7 月 19 日，广本成立了广本汽车研究开发有限公司，专门进行包括概念设计、造型设计、整车试制、实车测试、零部件开发等在内的整车独立开发工作，开创了合资企业自主品牌研究的先例。自从 1999 年 3 月第一辆广本雅阁轿车下线以来，广本车系因其卓越的性能和良好的声誉迅速占领市场，累计销量超过 150 万辆。广本一直秉承日系车一贯的人性化设计、安全可靠以及节能省油的特点，以非凡的业绩成为广州汽车企业的领跑者，以真诚的付出和周到的服务成为社会责任践行先锋。

2008 年正是广本走过的第十个年头，12 月 12 日晚，广本联手中央电视台"同一首歌"栏目组举行了气势磅礴的公司十周年庆典，在这次庆典上，广本推出全新的企业口号"感世界而动"，口号包含"广本心、安全心、地球心"三个主题，围绕"安全、环保、节能"三个领域以及社会公益领域持续投入并做出贡献，更好服务用户、员工、社会及环境等各方利益。"感世界而动"口号表明广本面对未来十年的崭新姿态和树立负责任的企业形象的决心。正如广本集团执行副总经理姚一鸣所说："企业社会责任是一个企业发展战略的重要一环，它需要融入生活的每时、每刻、每个环节。""成为社会期待存在的企业"是广本一直不变的追求。

（一）广本心

"广本人、广本心"，广本在经营管理中一贯坚持"以人为本"的理念。"人"不仅指员工，还有消费者、经销商等企业各方面利益相关者。广本一直坚信"人"是企业存在和发展的基础。在朝着"人·车·环境"和谐的目标迈进的过程中，广本在"人"上下足了工夫。

"下面我宣布：获得第一名的是财务部！"主持人话音刚落，台上台下欢呼声、掌声立刻响成一片，身着橘黄上衣、黑色裤子的姑娘们激动地抱在一起……这是 2008 年 3 月 7 日下午在广本举行的"活力新未来"形体操比赛暨表彰大会上财务部获得形体操比赛一等奖时的一幕。广本十分注重员工精神文化生活，经常举办各种形式的文体活动，在丰富员工业余生活之余，也增强了员工凝聚力。而这些只是本田"以人为本"理念的缩影。

在员工培训上，广本建立了完善的培训计划，鼓励员工"自立化成长"，即为了广汽本田长远的、可持续的发展，通过企业本地化的人才培养，减少专家的支援，使员工具备独立工作、独立解决问题和独立创新的能力。在职训练（OJT）、脱产培训（OFF-JT）和自我启发（OCT）是三大培训形式，员工通过这些培训有了更多的自我认识，并通过培训获得成长的机会，使员工的个人职业规划与企业的长远发展紧密结合在一起。

广本还创造性地开展了 NGH（New Guangzhou Honda）活动，即以交流、合作、创新、提高为目标，构建企业团队精神，鼓励员工施展才智，通过对 NOW（现在）的认识，寻找 NEXT（未来）的发展，以此不断创造新广本（New Guangzhou Honda），不懈营造和谐、激情、积极向上的工作氛围。广本 NGH 小组活动已遍布公司的每一个部门、科室和班组，课题涉及公司生产、经营的各个方面。所谓"NGH 小组活动"是一种以小团体为单位的活动，在活动中，每个员工各自施展个性，寻求与同事的沟通与合作，自主而且不懈地营造一个能实现自我价值的愉快的工作环境。

广本不仅对内部员工给予很大关注，更是将关心延伸到企业产品的经销商。2009 年 6 月 27 日，广本第三届特约店 NGH 大会举行，从客户满意度、效率提升、客户服务改善、环保、节能等方面对不同地区的特约店进行考评，最后共评选出 6 个金奖、6 个银奖、6 个铜奖，并有 10 个最佳亮相奖。第三届特约店 NGH 大会参会特约店数量创新高，经销商们热情高涨，对广本的生产、经营、管理等方面提出了很多创造性的建议。特约店经销商 NGH 活动的开展，为广本向高目标挑战注入了新的动力。

汽车市场的竞争日益严峻，十年的光辉业绩只表明过去的成就，如何在当今越来越激烈的市场竞争中再创辉煌，是广本高级管理层一直在思考的问题。企业最重要的资源是人才，优秀的企业不仅要能够吸引人才、留住人才，更要能够自主为企业量身"打造"特色人才，让员工与企业共同成长，增强员工与企业的相关性。这种"造血"式的发展能够形成员工对企业的向心力，强化人才对企业的认同感，为企业的长期发展奠定基础。另外企业的兴旺与否还与企业所在产业链中的上下游关系密切相关，上得到供应商的大力支持，下赢得经销商和顾客的认可，企业的发展就将处于一种良性的、可持续的环境之中。

（二）安全心

据我国公安部官方统计数据显示，2008 年我国共发生道路交通事故 26.5 万余起，7.35 万人因此丧生。虽然因为 2008 年北京奥运会举办期间交通管理执法更加严格，使得交通事故死亡人数同比下降 10%，还是有如此多鲜活的生命在瞬间陨落。我们不想看到却又不得不面对如下事实：我国仍然是世界上因车祸事故死亡人数最多的国家，交通事故死亡人数占世界总数的 16%，道路交通安全形势不容乐观。我国政府对目前交通安全形势高度重视，将交通安全列为安全工作的重中之重，在坚持科学发展观、建立和谐社会的思想指导下，制订以"以人为本、关爱生命、安全发展"为战略目标的五年计划，建立了包括安全技术、安全教育、道路环境、事故救援、道路执法和制度保障六方面在内的国家道路安全体系，即 6E 工程。所有交通事故必然会涉及汽车。设计科学、安全保护措施出色的汽车能够在事故发生时为驾乘人员以及行人提供有效的保护。科技的发展使人们对于汽车安全性能的要求越来越高。安全性能是消费者在购买汽车时必然考虑的重要因素。对于汽车制造厂商来说，如何最大限度地改善设计、提高车辆安全技术不仅仅是提升品牌形象的重要措施，更是一家企业对消费者负责、履行社会责任的重要体现。

"安全心"就是指广本提出的企业安全理念"Safety For Everyone"（为了所有人的安全）。广本在践行"为了所有人的安全"理念，坚持以人为关注中心，不但注重保护车内乘员的安全，而且充分考虑对方车辆乘员和行人的保护。

广本作为汽车制造商在自己本职工作——汽车生产上为安全不懈努力。C-NCAP 是中国新车评价规程的英文简称，该评价规程把在市场上出售的新车型按照比我国现有强制性标准更严格和更全面的要求进行碰撞测试，评价结果按星级划分并公开发布，旨在给予消费者系统、客观的车辆信息，以促进企业按照更高的安全标准开发和生产，从而有效降低道路交通事故的伤害及损失。不久前，广本的小型车飞度，以 46.4 的高分摘得了 C-NCAP 五星桂冠，成为继雅阁取得 C-NCAP 超五星、奥德赛获得 C-NCAP 五星评价后，广本的又一款五星安全车型。除了上述这些针对驾乘人员的安全，改良车辆结构设计之外，广本主动研发降低行人伤害的技术，对给行人造成伤害最大的车辆头部的行人伤害关键点如保险杠等部位进行改善，尽量减缓冲撞对行人的伤害程度。据悉，2009 年 8 月下旬，广本在国内首次进行行人保护碰撞试验，力求通过技术革新，使危险发生时所有涉及人员都能安然无恙。

汽车的安全问题，单纯靠汽车安全性能的提高是不够的，还要依赖于公众安全意识和安全驾驶技能的提高，车辆的安全性能固然重要，驾驶者的重视程度和技术对于减少交通事故的发生也同样不可或缺。为此，从 2007 年开始，广本开展了名为"为了所有人的安全——广汽本田安全驾驶体验营"的活动，希望通过亲身驾驶实践以及安全知识的宣传，推广安全常识和驾驶技术。2009 年 3 月 7 日，广本"安全中国行"大型安全主题活动在广州天河商业旺区正式拉开帷幕，广本的"为了所有人的安全——广汽本田安全驾驶体验营"第二届安全驾驶体验营正式开营。学员们在体验营中可以了解与驾驶有关的理论知识以及实际操作技巧，并可以学习到日常开车中常需要的点检、死角认知、倒车入库、紧急避障等非常实用的内容。许多学员表示，通过在体验营的学习，纠正了不少不良驾驶习惯，并会将这些知识与亲人和朋友交流。

尽全力赋予产品更高的安全性能，为驾乘人员提供更安全的保护是每个汽车生产厂家着重考虑的，广本在 C-NCAP 中的出色表现证明广本对自身职责的充分认知与积极实践，这是一个汽车生产厂商履行社会责任、赢得公众信赖的基础。而车辆制造商同时考虑行人的安全，积极宣传交通安全知识和普及驾驶技巧宣传教育，并将其融入自身车辆安全设计之中，广本的"安全心"对车辆的驾驶者予以与汽车安全性能本身同等的关注，体现了广本"心"的广阔。车辆自身的安全性能是在紧急情况下确保安全的基础，而驾驶者的驾驶技术和对车辆性能的了解直接决定了车辆性能能否得到充分发挥，安全意识的高低则影响事故的发生率，只有同时保证两个方面，才能真正减少车辆事故的发生。广本没有仅仅局限于自身汽车生产的技术领域，而是通过努力，在消费者和社会民众中普及交通安全知识，认真履行企业的社会责任。

（三）地球心

2009 年的春天，内蒙古乌兰察布市兴和县的土地上，一片片新栽种的小树苗吐露出嫩绿的枝芽，在黄沙漫漫的土地上显得格外耀眼，树苗星星点点，在早春的微风中轻快地晃动，漫布的鲜绿为这片遭受沙尘肆虐的土地带来了新的希望。这一切，渗透着广本人为治理荒漠、改善环境做出的种种努力。

兴和县位于内蒙古乌兰察布市东南部，东距北京 240 公里，西距呼和浩特 220 公里，地处晋、冀、蒙三省区交界处，素有"鸡鸣闻三省"之称。因为独特的地理位置，兴和县的环境关系到整个京津冀地区的生态环境状况。近年来，兴和县地区荒漠化趋势日益扩大，生态环境非常脆弱，整个地区植被覆盖率不足 30%，水土流失严重，成为春秋沙尘暴沙源地之一，影响到整个华北地区的气候环境。

2008 年 5 月 10 日，广本与另外 13 家 Honda 在华企业与兴和县联合造林工程启动仪式在内蒙古自治区乌兰察布市兴和县友谊水库举行。这个联合造林项目建设预计期限为 5 年，即 2008~2012 年。在为期 5 年的造林项目中，广本等 14 家 Honda 在华企业将投资 1000 万元用于植树，累计植树面积将达到 7000 多亩。该项目自 2008 年启动以来，在兴和县实际完成植树 1022 亩并顺利通过验收，栽植树苗80992 株，成活率高达 96.58%。

广本有一颗"地球心"，一直积极投身绿色环保事业中，始终将绿色环保的概念贯穿于企业的生产经营活动中。每一次植树活动，广本都会邀请员工、顾客、特约店、供应商等各方前来参与，通过这样一次植树活动，把与企业相关的汽车产业链上的各个环节相关人士组织起来，使参与者切身体会环保的意义非凡和刻不容缓。在 2008 年的植树活动中，71 岁高龄的刘女士不顾家人和工作人员劝阻，亲自来到内蒙古兴和县。面对裸露的黄土和漫天的黄沙，刘女士感慨地说："未来的蔚蓝天空就靠绿树森林和大众的环保意识了！"

现代技术革命和工业的飞速发展推动了经济进步，而与此同时，一些企业片面追求经济利益，甚至以牺牲环境为代价的行为也愈演愈烈。全球气候变暖、沙尘暴、极端天气等自然灾害造成的伤亡和损失触目惊心。蓝天和白云在许多地方已成罕见，每年春秋的漫漫黄沙、夏季的滚滚洪水和频频发生的地质灾害则在我国许多地方经常出现。保护环境、植树造林任重而道远，我们也高兴地看到，有越来越多像广本这样的企业，将环境保护纳入企业整体发展规划，积极承担企业社会责任，为经济、社会、环境的可持续发展不断做出新的贡献。汽车被誉为 20 世纪最伟大的发明，自 1925 年福特公司第一次批量生产汽车至今，汽车产业也一直是对人类社会和环境影响重大的产业之一。影响越大，责任相应也就越大。作为汽车生产厂家，广本注重自身生产经营所能涉及的一切领域，关怀员工发展、宣传交通安全、致力于环境保护，积极承担社会责任。正是广本这样一批责任标杆企业，在企业社会责任实践模式和推行项目等方面为我国广大企业树立了榜样，为社会和谐和经济的可持续发展做出了重要的贡献。

（张硕　张喆　中国人民大学商学院）

四、中国平安：奖学促研的励志计划

中国平安保险（集团）股份有限公司（以下简称"中国平安"）是中国第一家以保险为核心的，融证券、信托、银行、资产管理、企业年金等多元金融业务为一体的综合金融服务集团。2008 年 7 月，中国平安以 180 亿美元的营业收入首次进入全球 500 强，位列第 462 位，并成为入选该榜单的中国非国有企业第 1 名。2009 年 4 月，中国平安又凭借其稳固的业务基础、优秀的经营管理及综合金融的优势，第三度入围《福布斯》，排名第 141，在 91 家上榜的中国内地企业中，排名第 8，三度蝉联非国有企业榜上第 1 名。

作为"中国企业社会责任同盟"的发起人之一，中国平安自成立以来就一直怀抱感恩之心反哺社会。公司先后积极参与过多项社会公益事业，在教育、红十字、灾难救助等各领域恪尽企业社会责任，为中国社会的全面、快速、和谐发展贡献力量。

（一）"中国平安励志计划"项目概述

在教育公益方面，中国平安于 2003 年 8 月正式启动"中国平安励志计划"。该活动旨在鼓励全国高校在校学生励志报国、发愤图强，开展学术研究，探索有利于中国经济健康发展的新观念、新理论，投身经济学理论研究，为国家的发展贡献力量。

作为中国平安集团践行企业公民职责、恪尽企业社会责任，体现其高度的企业社会责任感，回报社会大众的一项重要的公益活动和主要体现形式，"中国平安励志计划"主要包括以下几点内容：论文奖评选、励志论坛、励志奖学金、励志同学会及大学生关注的十大经济话题评选等。

1. 平安励志论文奖

平安励志论文奖是励志计划的重点项目。它以论文奖励的方式，主要面对经济、金融、保险专业的学生开展，以当年度在高校学报或省市级以上公开发行期刊上发表的经济、金融、保险类论文为评选目标。经过 5 年的努力，来自国务院发展研究中心、中国社会科学院、商务部研究院、北京大学、清华大学、复旦大学、中央财经大学、武汉大学、南开大学、华中科技大学等 20 多所知名研究机构和学府的近 50 名学者、教授受邀担任了励志计划论文奖的评审专家。专家们一致认可励志论文奖的权威性。该奖项由经济专家、金融专家与保险专家共同组成的评审小组对参评论文分别进行入围初评和集中评选，并邀请国内权威经济学家、评审专家与获奖代表进行学术交流。

2. 平安励志奖学金

平安励志奖学金是中国平安在高校为鼓励学习成绩优异、勤奋上进的精英学生设立的，力求奖励高素质精英人才，旨在鼓励品学兼优的高校学生发愤图强、励志报效国家。奖学金首年度在包括北大、清华、复旦及华中科技大学、武汉大学在内的全国 15 所一流学府设立，一等奖奖金高达 1 万元，首年度共计有 675 名高校学子获得奖励，奖金总额 195 万元。

3. 平安励志论坛

每年 4 月开始，"中国平安励志计划"在全国五大城市的 5 所知名高校进行"励志论坛——巡演式"活动，邀请行业专家、社会名流、政府官员等在这些大学校园就热点话题、行业研究等进行演讲。励志论坛还与在校园中开展的"大学生最关注的十大经济话题评选"相结合，邀请行业专家、社会名流、政府官员等在大学校园就热点话题、行业研究等进行论辩，通过网络媒体进行现场图文直播，形成线上线下现场互动，并力求使讨论核心话题引发社会关注。

4. 平安励志创业大赛

在 2009 年全球遭遇金融危机的情况下，平安公司提出了"你的平安，我的承诺"的理念，励志计划将这种关怀和承诺聚焦到了当代大学生身上，针对大学生就业难的问题，重磅推出励志创业大赛，通过树立青年楷模的形式，激发学生内在潜能，全面打造大学生核心竞争力，为大学生走向社会创造条件，奠定基础。

回顾"中国平安励志计划"走过的历程，至今已成功举办过五届，励志计划已经吸引了全国数千学生的参与，获奖励学生 1430 人，我们可以看到该计划已在高校和社会上产生了广泛而积极的影响，获得社会各界的广泛认同和肯定。我们认为励志计划不仅为学子提供了学术研究的平台，而且也是企业承担社会责任的典范。励志计划论文奖评奖活动中涌现出一批曾发表在《世界经济》、《金融研究》、《保险研究》等国家一级专业刊物上的优秀论文，参与评审的专家、教授对励志计划及获奖论文的水准给予了高度评价，认为励志计划论文评选是迄今为止国内最严谨的由企业自主举办的高水平、高标准、高奖励的论文评选。来自中国社科院、北京大学、中国人民大学、复旦大学、上海财经大学、西南财经大学、中央财经大学、武汉大学、南开大学等十几所研究机构及高校的教授、学者成为励志计划的权威评委，全国近 50 所高等院校数千名学生参与其中。作为中国平安践行企业社会责任的一项长期的、重要的公益活动，中国平安未来仍将持续地推动励志计划在更广泛的领域发挥作用，积极寻求更多样、更完备的活动形式，为中国经济、金融、保险理论的创新突破，营造高校良好的学术研究氛围，为高校学术实践贡献力量。

(二)"中国平安励志计划"项目实施成效

中国平安创立时间并不长，但多年以来，平安一直以实际行动努力践行企业公民职责，持续开展了包括"中国平安励志计划"、"平安与希望同行"、"平安希望小学百万维护计划"、"百万优秀教师奖励计划"、"平安小学生乡村图书馆计划"等在内的多项公益活动。在 2008 年的"5·12"地震期间，中国平安积极投入抗震救灾及灾后重建工作，累计向灾区捐款捐物超过7500万元人民币，位列国内金融机构捐助榜前列！2009年在"5·12"地震一周年前夕的5月11日，中国平安再次伸出援手慷慨解囊，向中国青少年发展基金会捐赠1000万元设立"中国平安希望奖学金"。该奖学金的设立旨在以持续激励的方式鼓励所有灾区的孩子们完成从小学到大学的学业。平安高层还在多个场合表示未来集团还将继续在教育公益、红十字会公益、灾难救助方面承担起更广泛的社会责任，使各类公益活动朝着更规范化和体系化的方向发展。

在这些履行社会责任的实践活动中，"中国平安励志计划"引人注目，广受好评。这种模式其成功之处是对"奖学金"这种高校中广泛推行的奖励形式进行突破和升华。"中国平安励志计划"完全改变了以往企业设立奖学金仅停于"奖"的简单模式，而是全程与学生互动，将中国平安对学子的资助行为渗透于学生的学习、研究、论文写作、项目评审、成果转化等各个环节，通过开展系列活动为学生提供全方位的支持和帮助，真正为学生构建起一个展示自我能力、激励学子上进的优秀平台。

在过去十几年中，我国的高等教育事业得到了快速的发展和提高，但这种快速发展主要体现在"量"的方面，而在"质"的方面的提高却受到教育资源分布不均衡和资金投入不足等因素的影响。面对上述情况，中国平安集团发起"中国平安励志计划"项目，并通过该计划独特的运作模式全面系统地与学校、教师和学生开展积极有效的互动式活动，推进、弘扬了一种文化，它将会帮助大学生培养起追求卓越、勤奋治学、严谨治学的学术风气，避免浮躁、克服浮躁，鼓励他们的创新精神，培养求实、严谨的研究态度。从这些层面上讲，"中国平安励志计划"具有独特的意义。

在众多校企合作支持教育发展的模式中，企业设立的各类奖学金对高校学生而言无疑是一种非常重要且行之有效的激励方式，同时设立奖学金、资助学子完成学业也是许多企业支持教育、回报社会的主要途径。但是，由于高校缺乏灵活的机制和足够的人员开展奖学金的评选活动，企业在设立奖学金后也不再参与评定，只是在最后颁奖的时候来到学校给学生颁奖，奖学金的发放渐渐程序化、套路化，"奖"与"学"渐渐脱离，很多企业在高校设立的奖学金成了变相的学生生活补助。

大学作为高等教育的载体和平台，鼓励学生在学习本专业知识的同时全面和多角度发展，学生不光要学会学习和研究，更要在学习与研究中掌握科学的科研方法，培养严谨的学术品格。平安综合考虑，希望奖学金的激励效果能够发挥其最大的效益，因而在励志计划各项目的设立和流程设计上花费了极大的心思，形成的"中国平安励志计划"包括论文奖评选、励志论坛、励志奖学金、励志同学会及大学生关注的十大经济话题评选等活动。在奖学金的基础上通过开展论文大赛，成功并有效地促进了全国范围高校在校学生积极开展相关学术研究，鼓励学生形成积极求索的新观念、培养高校学生学术研究中团结、求实、创新的良好风气。通过励志论坛，许多社会各界知名人士进入校园演讲，与大学生面对面分享他们的经历和理念，使大学生能够真实了解就业、创业、守业的艰辛历程，从而更好地珍惜校园时光，完善高校生活规划，明确目标，落实行动，提升自身的社会适应能力。

此外，中国平安还组织了以中国平安励志计划获奖学生为主体的中国平安励志学生会，力求为精英学生、财经界专家学者和企业间搭建联络、持续交流的平台，推动励志计划向更加正规、成熟的方向发展，逐步将励志计划活动打造成国内由企业主办的最权威的高校奖励计划。

（三）"中国平安励志计划"的企业社会责任意义探讨

一般认为，企业社会责任（Corporate Social Responsibility，CSR）是指企业在创造利润、对股东利益负责的同时，还要承担对员工、对社会和环境的社会责任，包括遵守商业道德、生产安全、职业健康、保护劳动者的合法权益、节约资源等。世界银行把企业社会责任定义为：企业与关键利益相关者的关系、价值观、遵纪守法以及尊重人、社区和环境有关的政策和实践的集合。它是企业为改善利益相关者的生活质量而贡献于可持续发展的一种承诺。此外，还有一种观点认为，所谓"企业的社会责任"，是指在市场经济体制下，企业除了为股东（Stockholder）追求利润外，也应该考虑相关利益人（Stakeholder），即影响和受影响于企业行为的各方的利益。

企业社会责任涉及诸多方面，但就具体某一企业而言，企业社会责任项目的规划应与企业核心业务相关，这是企业社会责任项目实施合理性的基础所在。"中国平安励志计划"自启动以来，主要吸引和鼓励全国高校财经类学生开展对保险领域的学术研究。这一方面深化了对中国保险业健康发展的新观念、新理论的宣传与研讨，在一定程度上促进了平安集团自身理论研究和中国保险业的健康发展；另一方面也努力为大学生们提供力所能及的帮助，鼓励他们不畏艰辛，刻苦攻读学业，磨砺并恪守良好的道德品质，成为品学兼优、各方面全面发展的社会栋梁之材。近年来，有些参与"中国平安励志计划"的优秀大学生，在完成学业后成为平安的一员，更多的学生步入大型企业并逐步成长为业务骨干。

青年是一个民族的希望，求学是实现梦想的途径，"中国平安励志计划"突破了传统企业捐资助学的社会责任模式，把企业社会责任行为定位于最有希望、最富活力的社会群体，定位于这一群体中最优秀的年轻人和他们实现梦想的历程。因此，无论对于中国平安本身还是对于社会而言，"中国平安励志计划"都是一个十分优秀的企业社会责任项目。一方面，对于中国平安而言，"中国平安励志计划"渗透于我国优秀青年学子努力求学、勤奋科研的历程，伴随着他们走过人生最重要的发展阶段，这必将在这些未来社会栋梁之材心中留下对中国平安深刻的印象，这对于平安品牌的宣传和声誉的提升将产生重要影响；另一方面，对于社会而言，"中国平安励志计划"对于政府相关部门教育资源投入形成重要补充，是中国平安基于自身能力和对社会期待认识的一种责任行动，为中国教育事业的发展贡献来自企业的力量。管理学大师彼得·德鲁克曾指出，把社会问题转化为企业发展的机会可能不在于新技术、新产品、新服务，而在于社会问题的解决，即社会创新，这种社会创新在某种程度上说可以直接或间接使公司或企业得到利益和加强。"中国平安励志计划"针对社会问题，富于模式创新，对中国公益事业发展和企业社会责任推行都将产生很好的示范作用。

（李中昊　杨峥　北京大学光华管理学院）

五、IBM 中国有限公司——用企业公民理念建设智慧的地球

"仅仅被看成是中国最好的外国企业是不够的，我们要成为中国最好的公司。"

——IBM 总裁　彭明盛

IBM 是引领世界信息科技创新前沿的跨国公司，在计算机科学的发展史上曾有过许多里程碑式的划时代辉煌成就，更在当今全球计算机硬件、软件、服务的各个信息技术领域有着全面骄人的业绩。IBM 企业公民的理念及实践的突出特点，就是以 IBM 的顶尖技术产品和全面解决方案为基础，通过具备一流专业技术员工们的服务，为社区公益事业做出务实的贡献。在力求通过信息技术的发展构造人类和谐社会的今天，缩小数字鸿沟，以最先进的信息技术解决方案为社会谋利益，尤其致力于促进教育事业的发展，是 IBM 公司以及全体员工献身全球公益事业的时代责任和社会义务。

在近一百年的历史中，IBM 及其员工创建了一项在提供社区服务方面的卓越纪录，这为公司在世界范围内的企业公民形象设立了标准。公司"智慧的地球"战略就是 IBM 对于如何使用先进信息技术改善商业运作和公共服务，运用先进的信息技术构建这个新的世界运行模型的一个愿景。"智慧的地球"从一个总体产业或社会生态系统出发，针对该产业或社会领域的长远目标，调动该生态系统中的各个角色以创新的方法做出更大、更有效的贡献，充分发挥先进信息技术的潜力以促进整个生态系统的互动，以此推动整个产业和整个公共服务

领域的变革，形成新的世界运行模型。在这种智慧的模型之中，政府、企业和个人的关系将被重新定义，从过去的单维度转变为先进的、多维度的新型协作关系。

（一）教育推动未来：IBM 中国教育项目

作为一个有强烈社会责任感的企业，IBM 始终注重关系到人类前途的教育事业，因为 IBM 相信，公司长远的商业利益和业务发展的根基在于社会教育事业的兴旺发达，在于成功的教育事业不断向社会输送的大批掌握高新信息技术的专业人才。IBM 与中国的教育合作项目主要分布在高等教育和基础教育领域。

◆ IBM 中国高校合作项目

IBM 与中国高校合作关系的开始可追溯到 1984 年，当年 IBM 为中国高校做了一系列计算机设备硬件和软件的捐赠。1995 年 3 月，以 IBM 与中国国家教委（现教育部）签署合作谅解备忘录为标志，"IBM 中国高校合作项目"正式启动，这一长期全面合作关系的基本宗旨是致力于加强中国高校在信息科学技术领域的学科建设和人才培养，已成立 100 多个合作实验室和合作技术中心，与 20 多所大学合作开展了 80 多个联合"共享大学研究"项目。14 年来，IBM 已向中国高校捐赠了价值超过 15.6 亿元人民币的计算机设备、软件及服务。在高校合作项目方面，目前已与 60 多所中国知名高校建立了合作关系。86 万人次学生参加了 IBM 技术相关课程的学习和培训，8 万人次学生获得 IBM 全球专业技术认证证书，6500 名教师参加了 IBM 组织的不同形式的师资培训。

◆ 小小探索者

2001 年 IBM 将"小小探索者"儿童早期智力开发工程引入中国。8 年来 IBM 已与全国各省、直辖市、自治区共 110 个城市的近 532 所幼教机构进行合作，捐赠了 3000 多套儿童电脑学习中心项目设备。自 2004 年起，IBM 与教育部进一步合作，把国外成熟的经验和资源引入中国，更好地帮助学校借助 IT 手段提高教学效果。共有 1 万多名基础教育领域的骨干教师接受了 IBM 的免费培训，令 10 万名儿童受益。近年来，为了能满足更多孩子通过"小小探索者"项目获得智力开发的需求，IBM和部分特殊教育机构开展了合作，通过让特殊幼儿参与"小小探索者"项目活动，使他们的生活自理、人际交往、语言表达和动手操作等能力得到了显著的提高。

◆ 开放式计算

2007年，IBM中国公司因与西安交通大学共同研制蓝天基础教育共享开放平台并成功开展示范作用，而获得教育部颁发的"协作创新贡献奖"。这标志着蓝天项目已经由研发转入应用领域，切实地通过技术创新与协作进行对教育的投入、对社会的回馈。

2008年1月，著名在线开源社区Apache软件基金会（ASF）以无记名投票方式全票通过IBM蓝天项目正式进驻社区，成立项目孵化器，以供全球开发者共同建设"蓝天"开源代码。蓝天项目加入ASF引起的讨论在Apache创下了新的纪录。首先，它是ASF第一个专注于教育的项目（其他大部分ASF的项目都侧重于Web应用和服务器技术或开发工具）；其次，它是第一个由中国这样一个发展中国家的开放源代码开发团体发起的ASF项目；最后，该项目通过技术应用为世界上成千上万的乡村贫困人口提供教育机会。这标志着"蓝天"平台已经进入世界顶级相关组织的视野。

◆ 网上辅导员

基于IBM公司投资研发的在线平台，志愿者们可以通过Mentorplace网上辅导员工具和学生们结对进行互动辅导，并和学生一起完成设定的规划项目。2007年Mentorplace平台在包括中国在内的全球范围内开通，向所有有志于此项志愿服务的企业、社区和学校免费开放。在中国，Mentorplace项目有着更深入的内容和更丰富的形式。在上海慈善基金会的倡议下，从2007年起IBM员工与贫困大学生结对，在为期一学年的项目时间内进行"文化关怀"互动，为提高大学生英语和计算机技能、沟通面试技巧、体验企业环境、提高自信心等方面提供帮助。2008年5月，为响应"绿色奥运"的到来，"我是绿行者"创意宣讲大赛在IBM志愿辅导员和学生组成的团队间进行，让更多的人融入到"公益并快乐着"的氛围中来。2009年6

月，为迎接上海世博会的到来，又举办了"我是世博志愿者"公益策划大赛，与街道社区、高校和企业的公益行动相结合。

◆ 英语伴读学习软件

2008年，IBM在中国引进了Reading Companion英语伴读软件捐赠项目，该项目基于创新的网页技术，帮助学生或成人使用者反复收听自己的读音，并对其进行指导和示范。在教学中，该软件可以与传统的朗读课程相结合，寓教于乐，帮助学生提高英语读写能力。迄今IBM已向贵州同仁学院、成都市科华中路小学和华东师范大学进行了项目捐赠，来自IBM的美国退休员工、研发中心和各地分公司的员工志愿者全程协助学校开展项目的实施。IBM已向全球200多所学校和非营利组织捐赠了Reading Companion软件，有450多个组织参与到了这项捐赠计划中。

◆ 放眼世界看科学

2003年，IBM Try Science Around the World "放眼看科学"青少年科普项目在中国正式启动。通过这个项目，IBM已向12个城市的科技馆捐赠了49套多媒体交互式信息亭（IBM TryScience Kiosk，多媒体终端），向青少年介绍生态考古、太空探索、极限运动、海洋生物等多方面科普知识和科学概念。

（二）IBM灾区支援重建项目

2008年，在"5·12"汶川地震抗震救灾行动中，IBM中国区员工捐款累计超过338万元人民币；还捐赠设备，帮助政府部门重建和恢复信息基础设施，开发、捐赠并部署Sahana赈灾系统。灾后发起组织灾难应急管理技术研讨会，与政府相关部门和企业界共商对策，并把这一举措设定为长期持续实施的每年一度的年会。IBM对灾区支持的一个重要特点是持续和创新：IBM成都志愿者与什邡市红白镇中心学校建立了长期的互动联系，还将结合公司的公益项目在灾区开展一系列的重建活动。

◆ 企业全球志愿服务队

"企业全球志愿服务队"是IBM总裁彭明盛宣布的"全球公民一

揽子计划"的一部分，目的是在培养员工领导技能的同时，帮助解决新兴市场面临的社会和经济挑战。该项目正式开始于 2008 年。IBM 认为，在当今日益融为一体的全球经济中，最成功的领导人将是所谓的全球公民，能够了解各种不同背景和观点的人并有效地与他们进行合作，这将有助于各个国家、地区与组织和企业间的智慧协作，从而共同应对全球性的经济危机。这也是"全球企业服务志愿队"计划的一个独特设计。

2009 年，IBM 在全球范围内选出 19 名志愿者，前往成都市和沈阳市，用科技力量和志愿者自身专业特长与经验支持成都市的灾后重建工作，并结合当地优先发展产业，为成都市经济发展和产业升级提供咨询服务和建议。IBM 沈阳项目的合作机构中则既包括事业单位也包括企业，其中包括东北大学软件学院、辽宁大学工商管理学院、沈阳环境科学研究院、沈阳市林业局和来自浑南开发区的几家 IT 企业。

（三）IBM 企业社会责任行动的社会回应

中国社会各界和媒体对于 IBM 在中国的出色表现和突出贡献给予了充分的肯定。IBM 已连续六年被评为"中国最受尊敬企业"、"中国最受尊敬的外商投资企业"、"中国最具有价值的品牌"、"中国最佳雇主"等。2004 年，IBM 中国公司被《财富》杂志中文版评选为"中国最受赞赏的公司"，并荣居榜首。2005～2008 年，IBM 连续四次被中国社会工作协会企业公民工作委员会授予"中国优秀企业公民"等荣誉称号，并获得"最佳企业公众形象奖"和"教育突出贡献奖"。在不平凡的 2008 年，IBM 获得了"改革开放三十年跨国公司中国贡献特别大奖"等多项殊荣。2009 年 6 月，IBM 又获得了"2008 金蜜蜂企业社会责任·中国榜"的最高奖——领袖型企业奖。

2009 年，IBM 中国公司将继续秉承"成就客户、创新为要、诚信负责"的核心价值观，审视过去，立足现实，着眼未来，致力于"共建智慧的中国、智慧的地球"，并在全球化的视野和布局下，努力成为中国客户的创新伙伴，以己所长为中国建设"创新型国家"尽一份心力。

六、TCL集团股份有限公司——用爱心反哺社会

"TCL成长为全球知名的消费电子集团，离不开社会各界的大力支持和帮助。在企业快速发展的同时，TCL始终没有忘记自己肩上的社会责任，我们将一如既往地以实际行动反哺社会。"

——TCL集团股份有限公司董事长　李东生

作为一家全球领先的消费电子企业，TCL集团成立28年以来，一直秉承"为社会承担责任，做优秀企业公民"的理念，不断地关注和支持社会公益事业，以及中国环境、教育事业的发展，扶助弱势群体，以实际行动反哺社会。从1996年至今，TCL集团及员工向社会共捐赠现金和物资折合人民币近1亿元。

未来TCL集团将一如既往地关注社会公益事业，致力于为顾客创造价值，为员工创造机会，为股东创造效益，为社会承担责任。TCL深知，经济成功必须与环境保护和社会责任相结合，因此TCL秉承"敬业、诚信、团队、创新"的企业精神，遵循"诚信尽责，公平公正，变革创新，知行合一，整体至上"的价值观，用可持续发展的方式塑造未来，努力推动构建和谐社会。

（一）支援灾区，众志成城

多难兴邦，2008年对于中国是自然灾害频繁的一年。冰灾、地震、水灾频繁发生，给国家和人民群众生命财产带来了巨大的损失。作为一个负责任的中国企业，TCL感同身受，积极投身于支援灾区、重建灾区事业，为国家分忧，为灾区人民解难。

在2008年春节期间南方地区的冰灾中，TCL集团及全体员工捐助款物，其中TCL集团员工自发捐款40余万元用于冰灾中遭受损失的湖北省中小学教育系统的重建。

"5·12"汶川大地震后，TCL集团及全体员工通过捐款捐物等实

际行动持续支持灾区的救灾和重建工作。迄今为止，集团全球 4 万多名员工为抗震救灾捐助款物超过 1000 万元人民币，对于受到地震影响的员工，TCL 从企业层面为其提供积极的帮助，发放救助及慰问金 60 余万元，安排特别探亲假、报销往返路费等，并针对受灾的影响状况，提供心理的辅导与帮助。

英雄代表——贺景娥

　　TCL 多媒体成都基地医务室医生贺景娥因在抗震救灾工作及志愿者服务中表现突出，获得成都市委组织部、宣传部、市人事局、妇联联合表彰的"5·12 抗震救灾工作'三八'红旗手"称号，成为该高新区唯一获此殊荣的优秀企业员工代表。

（二）爱心体育支援灾区重建

　　TCL 认为，当争分夺秒的地震救援宣告结束，长久、艰巨的灾区重建更需要全社会的持续关注和支持。由于生活环境发生巨大改变，板房区初步建成，物资匮乏，群众没有文化娱乐活动，生活单调，很容易出现心理情绪的不良反应。而体育锻炼对人们的身心健康有益，经常进行体育活动，能使人产生愉悦感，对心理健康的恢复有着非常大的促进作用。

　　针对这种情况，TCL 结合自身体育赞助资源，启动了以体育公益支援灾区重建的爱心计划，通过在板房社区修建运动场，安装运动器材、组织文体活动等方式，把常态、积极的生活带给当地居民，并用他们的欢乐感染社群，激发灾区重建的内在力量，帮助灾区孩子们心理重建，帮助灾区群众信心重建。

　　自 2008 年 8 月 4 日始，TCL 集团在四川都江堰、崇州、青川、彭州、绵竹等地数十个灾区板房社区开始选址援建爱心运动场，并捐助图书室、篮球、羽毛球、乒乓球、电视机等文体设施。

木鱼中学重建

在地震中，青川县木鱼中学是受灾最为严重的学校之一。2008 年 6 月 18 日，TCL 集团在线教育主体"奥鹏"远程教育中心开始援建木鱼中学，承担了木鱼中学全部板房和配套的教学、实验、生活、体育等设施的援建。经过一个月的紧张施工，TCL 奥鹏在这块占地 4500 平方米的空地上建起了总计 2436 平方米的活动板房，其中包括 14 间普通教室，60 间学生宿舍，15 间教师办公室和 4 间公共卫生间加浴室，总造价 160 余万元。

（三）TCL 志愿者在行动

TCL 集团在员工中招募、选拔了近百名志愿者，经过培训后进驻灾区。TCL 的志愿者轮班值守在板房社区，调配、安装企业捐助的运动器材，并开展丰富多彩的文体活动，组织群众开展各种小型体育比赛，并挑选励志电影、农业科教片、社区生活片在各个板房区流动播放，帮助灾区人民的心理重建，特别是关注孩子们的心理重建。TCL 志愿者开展了各种群众服务活动：到医院照顾受伤病人，与其他公益组织一道开展便民服务，为儿童开补习课程等。其中，TCL 志愿者在北京奥运会开幕前举办的奥运知识问答获得了灾区群众的积极响应，将北京奥运的热潮和快乐带给了每一位参与活动的灾区老乡。奥运会开幕式前夕，当 TCL 志愿者将捐赠的所有电视都安置好并调试完毕的时候，所有在场的观众都对志愿者们报以热烈的掌声。在 TCL 进驻的灾区安置点，哪里有需要，哪里就有 TCL 爱心志愿者的身影。

（四）TCL 爱心运动会

为充分发挥爱心体育温暖人心、凝聚力量的作用，2008 年 11 月 18 日，在 TCL 的组织下，中国女网球员郑洁到都江堰青山锦苑板房社区，为 TCL 出资修建的爱心运动场举行了揭幕仪式，并为周边的群众、孩子们组织了一场特别的爱心运动会。作为 TCL 爱心运动会的志愿者，郑洁在这场由篮球、跳远、跳绳、短式网球等比赛项目组成的运动会上，担任短式网球区域的教学与比赛指导工作，还与 TCL 其他志愿者一起先后在青山锦苑板房社区和滨江新村板房社区探访受灾群众，为社区群众送去棉被等慰问物资。他们通过爱心运动会的形式，让板房社区分享了体育的激情和快乐，也带去了爱心和温暖。

为延续 TCL 爱心运动会的爱心体育精神，并持续支持灾区群众心理重建，2009 年 5 月 6 日，在汶川地震一周年前夕，身为广州2010 年亚运会合作伙伴的 TCL 集团，携手广州亚组委启动"亚运中国行"成都站系列活动，向当地两所小学捐赠了体育器材和电视机之后，共同举办了有 200 名小学生参加的 TCL 第二届爱心运动会。在运动会现场，亚运歌手与小学生、社区代表同场竞技，现场亚运志愿者招募、亚运歌曲演唱及签名祝福广州亚运会等活动吸引了板房社区上千名群众参与。获得冠军的孩子，则获得了由 TCL 提供的现场观看 2010 年广州亚运会赛事的机会。TCL 计划，通过后续活动提供更多的广州亚运会志愿者和现场观看亚运会赛事的名额，让更多的灾区群众感受到参与广州亚运会的快乐，也让更多的人通过广州亚运会感受到四川人民顽强拼搏的精神。

实践证明，在灾区重建中，除了物质重建外，精神和心理重建也很重要。TCL 通过体育运动帮助灾区群众重建心灵家园的方式富有成效，也充分体现了爱心体育和体育公益的精神。未来，TCL 还将继续体育公益，以体育为载体的爱心关怀活动，带给灾区人民健康与快乐，有效地支持了灾区重建。

七、均瑶集团——"百年老店"的企业社会责任

"为了人们生活得更加健康和舒心，我们致力于创造超出人们想象的价值，成为卓越的国际化的现代服务业百年老店。"

——均瑶集团的企业使命

在中国，每天大约有 19 万人在接受均瑶的服务。有很多人乘坐

吉祥航空的航班，购买均瑶文化的奥运吉祥产品，饮用均瑶食品饮料提供的可口食物，享受均瑶置业提供的惬意住所……

均瑶集团成立于 1991 年 7 月，至今已走过了 18 年的发展历程。目前均瑶集团形成以航空运输、营销服务（商业零售、文化、食品饮料）为主营业务，并从事高端商业地产及安居房等领域的经营格局，是一家为客户创造超出人们想象的价值，并致力于成为卓越的国际化的现代服务业企业集团。均瑶集团现有员工近 5000 人，2008 年度营业收入 86 亿元。

（一）国家盛事　积极投入

◆ 奥运圣火熊熊燃起

作为奥运商品特许经营商的均瑶集团与北京奥运会有着诸多的关联。由均瑶直营的奥运专营店有 60 家左右，占全国的 1/10，而由均瑶生产的福娃产品则超过总数的 50%。

距离北京奥运会开幕倒计时 83 天之际，董事长王均金作为北京奥运火炬接力温州站的火炬手参与了火炬传递，将象征着"自信、自强、自尊"的奥运精神传递给每一个人。

温州均瑶宾馆被选定为北京奥运温州站火炬传递的后勤接待单位之一，获此殊荣的均瑶宾馆即刻召开内部会议，研究部署各部门工作，并且成立了以宾馆总经理为组长的临时领导小组，明确分工、责任到人，出色地完成了奥运火炬温州站传递接待工作。

为了能让正在乘坐航班的旅客同享中国队夺金的荣耀，吉祥航空在北京奥运会期间利用空客飞机先进的技术，通过 ACARS 地空数据通信系统在航班上实时播报中国金牌的最新信息，及时地将地面的各项信息传递到万米高空中的航班上，让更多的旅客在吉祥航空航班上共同分享祖国获得荣誉的喜悦。

◆ 做好世博东道主

均瑶作为"中国 2010 年上海世博会标志特许产品生产高级赞助商"，承担世博会包括玩具、礼品等在内的 10 大类特许产品的设计和生产。迄今为止，设计开发出了千余款商品，产品的设计以贴近人们生活为主旨，融入中华传统元素，同时也赋予城市现代化气息，弘扬"城市让生活更美好"的世博愿景。均瑶作为世博会高级赞助商，以产品传播世博美好理念，以东道主的姿态向全国乃至全世界友人发出世博会邀请，推动世博文化价值宣传，为世博会服务，"办好世博、为国争光"。

（二）爱心援助　回馈社会

◆ 地震无情人有情

2008 年 5 月 12 日，汶川大地震撼动的不仅仅是汶川人民的家园，也深深震撼了全体均瑶人的心。早一分钟救援，就多一分延续生命的希望。虽然身处千里之外，均瑶集团还是迅速做出了反应。当天下午，集团董事长王均金就发出号召，希望所有员工以实际行动支援灾区救援和灾后重建。集团本部及下属企业纷纷组织捐款、捐物活动。员工们都抱着主人翁的态度，积极投身救援行列，自发成立了"支援小组"，将捐赠衣物缝补打包，短短 3 天时间就将 235 件衣物、6 条棉被打成 15 个包裹运往灾区，连同均瑶人赤诚的救援之心一起送到灾区同胞的手中。大爱无疆，在短短的半个多月时间里，均瑶集团捐款、捐物以及用于援助服务的累计金额达 650 万元。

与此同时，王均金董事长得知许多灾区急需的救援物资因为道路受阻，无法运抵，就主动向民航总局递交申请，希望利用吉祥和奥凯两家航空公司的运力资源，协助运输救灾物资，在第一时间建立起了一条空中救援线。

5 月 14 日，第一批由复兴医药集团向灾区捐助的价值 50 万元的医药卫生用品随吉祥航空的航班被送往四川。5 月 15 日，均瑶集团通过上海市光彩事业促进会向灾区首批捐助现金 200 万元。5 月 16 日，由均瑶集团策划并牵头，由吉祥航空、奥凯航空、中国企业社会同盟负责执行的"均瑶—同盟三地救助行动"也正式展开。

为此，吉祥航空商务部浦东货运站特别成立了保障小组，安排出业务能力最强的专业队伍保证救灾物资安全、顺利送上吉祥航空的航班。并及时通知成都双流国际机场货运部门，在吉祥航空的航班到达后，给予货物优先放行，保证救灾物品以最快速度送往灾区。仅灾后一个多月时间，吉祥航空就运送了约 66.9 吨的各种紧急物资到成都，为抗震救灾打开了一条绿色通道。

这条凝聚了无数爱心的运输线，在抗震救灾的紧急时刻，不断为灾区义务送去了民航总局、复星医药集团、李连杰壹基金、中国企业社会责任同盟、东方早报社等企业、社会公益组织以及媒体读者为灾区筹集的帐篷、千斤顶、药品、食品等急需物资共 120 余吨。

爱心还在继续，在上海对口支援都江堰灾后恢复重建项目签约仪式上，均瑶集团下属均瑶文化传播与都江堰政府签订了都江堰—青城山文化创意产业战略合作伙伴协议，挖掘当地文化精髓，希望以产业发展带动当地灾后的经济发展。

万米高空的感动

2008 年 11 月 4 日，来自汶川主震区年仅 4 岁且生命垂危的严重先天性心脏病患儿"小月亮"，在吉祥航空免费护送下自成都启程飞赴上海接受治疗。考虑到此次航班承运的是先天性心脏病患儿，且身体状况堪忧，为确保本次带有生命救助公益意义的航空运输任务安全、正点、高效率地完成，吉祥航空各相关运输服务部门均予以了高度重视，精心组织和部署了运输中的各项环节。历经万米高空中的爱心护送，"小月亮"顺利飞抵上海，她生命新一轮的起点正起航。

◆ 真情融坚冰

2008 年年初，我国南方大部分地区和西北地区东部遭遇百年一遇的冰雪灾害。均瑶集团旗下的吉祥航空也未能躲过这场灾难。1 月 25 日，吉祥航空 HO1125 航班飞抵长沙机场后，因湖南连遇暴风雪，机场跑道除冰速度缓慢，一直未能飞离。长沙营业部员工通过不懈努力，将滞留旅客妥善安置，悉心照顾，29 日，经过 4 天的等待之后，HO1126 航班载着 82 名旅客踏上了回家的破冰之旅。

同时，为应对春运持续增长的咨询需求，吉祥航空客服中心也全员投入生产，积极处理旅客的各类咨询电话，协助旅客订票并妥善办理不正常航班机票延期、升舱、签转、变更等问题以及天气状况的信息查询。年轻的吉祥航空经受住了这场考验，最大限度地实现了公司对旅客满意服务的承诺，维护了公司和旅客的利益。

在上海，王均豪与集团员工同样在关注着这次风雪灾难。2 月 2 日，均瑶注资的上海世界外国语中学积极响应政府号召，迎来了一批因雪灾滞留在上海南站的旅客。学校为他们提供住宿，提供尽可能的帮助，为身处他乡的同胞营造一个"家"的氛围，让他们在安全温暖的环境中度过等待回家的日子。

此外，均瑶集团又在内部发动员工为受灾地区捐款捐物。均瑶集团副董事长王均豪亲自给所有员工发了一封内部邮件，他在信中告诉大家，捐款不是硬性行政命令，哪怕你捐一块钱，也是爱心的表达。爱心不在捐钱多少，重要的是相互关怀。"风雪无情人有情，一片爱心献灾民"——集团的倡议书刚刚发出，员工们立刻组成志愿者协会纷纷捐款捐物，也有的准备了温暖的冬衣。集团副总裁更是亲自赶赴湖北灾区，将 58000 元捐款及 108 件冬衣交到了当地受灾人民手中。

（三）教育事业　千秋万代

◆ 可持续发展教育事业

2005 年 8 月，均瑶集团转制上海市世界外国语中学与上海市世界外国语小学为民办学校。这是均瑶集团承担社会责任理念的又一新的尝试。

让时光倒回 2005 年，当时，均瑶集团积极响应上海市委、市政府提出全面实施教育综合改革，率先基本实现教育现代化的战略决策，斥 6000 万元巨资投入教育事业，参与上海市世界外国语小学和中学两所学校的教育改制（上海市世界外国语小学和中学分别创办于 1993 年和 1996 年，学校由本部、境外、PYP 即 IBO 国际文凭组织小学项目部三个部组成。目前，两所学校实行董事会领导下的校长负责制）。

参与教育事业后，均瑶把"百年"理念延伸到了教育领域。教育虽不是均瑶集团的一个产业，但是作为均瑶集团承担社会责任的延续体现，均瑶集团将把这两个学校打造成可持续发展、可持续承担社会责任的教育品牌。在缔造百年老店，做可持续发展企业的同时，也将把世界外国语小学和中学同样建成"百年名校"，做可持续发展的学校。

均瑶集团不仅投入资金改善教学设施和条件，而且逐年提高了教师薪资待遇，激励教师提高教学质量。为探索多元化办学模式，均瑶集团充分调动社会资源，通过引进国外 PYP 和 MYP 等先进教学模式和中国教育国情相结合，让"世外"的学生们"怀有中国心，能做世界人"。这些重大举措进一步加强完善了"世外"学校开放型的现代教学模式，使社会各界更加关注民办教育、参与民办教育事业，从而推动民办教育事业的发展。

"来自于社会，回报于社会"的企业理念，从均瑶集团创始人王均瑶开始传承至今。本着这样的理念，均瑶集团一定会探索出一条适合民办教育事业之路，培养学生创新能力，培养国家创新人才，为推动全国教育事业改革发展尽职尽责贡献自己的一份力量。

2008 年世界外国语小学喜获来自英国的 IB 组织授权认证，正式成为国际文凭组织 PYP 学校。学校还利用周末邀请无锡太湖国际学校 Rachel Mackinnon 女士为老师们做专业培训。

为向世界名牌大学输送高质量的高中毕业生，均瑶集团开展了 DP 项目。2008 年，世界外国语中学为筹备 DP 项目，陆续招聘了一批有教学资质的中外 DP 教师，还派遣教师到国内外接受 IBO 组织认可的培训，特别重视 DP 项目的核心课程 TOK 和 CAS，从均瑶董事长王均金到 DP 教师团队都对 IB 理念有深切的理解，并贯彻到实践中。"我们将把这两个学校打造成可持续发展、可持续承担社会责任的教育品牌，因而意义深远。"王均金说，"我们一定要做成百年名校"。

资助灾区百名学子

均瑶员工积极参与"心系灾区、携手共建"为主题的"2008年光彩事业活动日"活动，资助了 100 多名灾区困难学生完成三年学业，公司还设立了就业岗位，董事长王均金说："民营企业有着多重责任，其中把企业做好是第一责任，关爱社会是第二责

任，要做到义利兼顾、德行并重。"公司在加大投入建设灾区希望学校之余，更加强对教师的培训，均瑶旗下的两所学校还和灾区学校"结对子"，使灾区建设的学校能够拥有优质的教育资源。

八、诺基亚的企业社会责任行动

"在中国，我们企业的社会责任就是秉承这几个原则。第一就是自己要做负责任的人，对员工、对环境、对股东要负责任。第二，我们对每一个利益相关方都不能带来伤害。第三就是全面配合当地的国情做一些事情。这样的话，我们在中国就挑了两大主要的范围：一个是环境保护意识的提升；第二个就是青少年的发展。"

——诺基亚（中国）副总裁　萧洁云

2008年，诺基亚在全球范围内积极履行对环境的承诺，即减少对环境的影响以及实践可持续发展的商业，保护我们赖以生存的环境。在中国，诺基亚致力于减少从产品设计和制造到整个生命周期过程中对环境的影响，回收利用废旧物质，以及提高员工及社区的环境意识。

（一）渗透产品生命周期的环境保护行动

从设计到制造，诺基亚对产品的整个生命周期进行评估，将产品对环境的影响减到最小。这包括满足最低限度的环境保护要求（如有毒材料的替代），但在原材料的使用和效率、生产节能、可回收材料的处理方面也常常执行最严格的标准。诺基亚对供应商也期望达到环境要求，将环境保护的实践贯穿整个产品生命周期。

诺基亚已分别从2006年7月和2007年3月开始，遵守欧盟和中国的《限制使用有害物质（RoHS）指令》。事实上，诺基亚在欧盟立法规定上述指令一年多以前，就已经发布了符合RoHS要求的产品。在整个产品线中禁止或减少了有害物质的使用，并进一步用生物材料替代原材料（诺基亚在 2007 年发布了用玉米制成的手机外壳）。值得一提的是他们在这一领域的承诺包括中国，保证在中国使用的手机和欧盟或北美的完全一样。

◆ 减少使用包装材料

诺基亚在 2006 年上半年就引入了新的包装标准，减少了 54% 的包装材料总量。手机内包装使用的塑料减少了 60%。增加了包装中使用的可回收材料，相应减少了 50% 用于运输的能耗。以销售超过 6000 万部使用新的包装材料的手机来计算，节省了相当于 1200 次的卡车运输（或相当于为诺基亚节省了 2000 万欧元）。

◆ 节能

诺基亚一直努力提高产品效能，特别是充电器的合理使用。诺基亚的研究显示，一部手机消耗的能源中，2/3 都浪费在已充满电但还插在插座上的时间（所谓的"无负荷模式"）。从 2007 年 5 月开始，诺基亚开始生产可以将无负荷用电减少 90% 的充电器，并成为第一个在手机上设置警示以鼓励人们及时拔下充电器的公司。在设置警示的三个大众市场模型中，节省的能源足可以供给 85000 所房屋。

诺基亚节能的承诺在生产过程中也产生了效果。从 2004 年开始，诺基亚将生产过程中的能源使用减少了 3.5%，从 2005~2006 年开始，它在中国工厂的能耗减少了 10%。

◆ 回收

产品生命末期的处理构成了重大的废物危害。诺基亚全力支持产品回收计划，减少电子垃圾。2002 年 6 月，诺基亚推出了一项回收方案，已经在超过 100 个城市的诺基亚授权服务中心设置了 200 个回收箱。

2003 年 10 月，诺基亚和其他手机制造商一起，发布了《手机环境保护建议》，鼓励消费者以危害最小化的方式处理废弃物质。

2005 年 12 月，诺基亚和中国移动、摩托罗拉以及其供应商一起推出了"绿箱子环保计划"。现在大约有 1000 家移动分公司以及诺基亚和摩托罗拉在 40 个城市的数百家维修中心参加了这个回收活动。

目前，65%到 80%的诺基亚手机可以回收。

◆ 供应链环境保护

一个全面的环境方案必须包括供应商网络。一部手机的生产过程涉及数百个零件和原材料的外包。因此，诺基亚期望供应商也实施良好的环境实践。他们通过对供应商的培训、采购合同（其中环境要求是与供应商协议的一部分）、对供应商的审核来沟通这些期望。诺基亚也要求主要的供应商获得 ISO14001 环境管理体系认证，并要求供应商建立和提高环境管理体系。

◆ 提升环保意识

对环保意识的承诺从内部开始，成立于 2005 年的诺基亚环保大使俱乐部现已有 1000 多名中外员工志愿加入，他们利用业余时间参加了一系列活动，如诺基亚北京星网工业园的清理小广告行动、与供应商一起的"绿箱子"废弃手机及配件回收项目、植树，等等。诺基亚员工已在环保方面志愿投入了 7000 多小时。

诺基亚认为，环保要从娃娃抓起。他们开展了一系列长期活动，旨在帮助孩子们提高基本环保知识，也希望提高其家长和亲友的环境意识。

2006 年 10 月，诺基亚（中国）投资有限公司和中国青少年发展基金会共同签署了实施"诺基亚绿色希望行动 1 + 1 环保计划"合作协议书。该计划的核心内容是向希望小学派遣经过专业培训的诺基亚环境大使，他们向小学生传达环保知识，帮助学生们做出环保承诺，开展环保实践。

从 2005 年开始，中国青少年宫协会、中国环境文化促进会和诺基亚（中国）投资有限公司携手合作，连续 3 年在全国范围内共同举办了"诺基亚杯中国少年环保梦想短信征集活动"，到目前为止，已经有 50 万名儿童参加了征集活动。2007 年的活动重点是节能和提高儿童的环保和节能意识。

（二）四川地震赈灾

2008 年 5 月 12 日四川大地震发生后，诺基亚积极开展两个阶段的灾难救援和灾后重建工作：

第一阶段是紧急救灾阶段。诺基亚在第一时间将手机、现金等紧急救灾物资送到灾情最严重的地区。地震发生后，诺基亚及时捐赠了价值300万元人民币的手机和紧急救灾物资，并组建了专家志愿者团队、手机充电维修车和医疗队赶赴灾区为生还者和抢救队员提供电力和电信。同时，诺基亚也向中国规模最大、实力最强的专职扶贫公益机构——中国扶贫基金会（CFPA）捐赠了1600万元人民币。扶贫基金会已将部分捐款用于帮助金花小学重建等项目和一系列的协助急救项目。

第二阶段是灾后重建阶段。诺基亚将长期提供可持续性帮助，如支援灾后重建以及资助受灾孤儿等计划。除了第一时间的紧急救灾工作外，与诺基亚对地震灾区进行长期援助的可持续性重建理念相一致，诺基亚将救灾工作重点之一放在对地震灾区进行有针对性的社区投资。项目的第一项工作是在以下两个关键领域开展调查研究：研究分析政府救灾重建计划，以确保诺基亚的赈灾理念与政府发展目标契合，由专业的第三方机构进行实地调研，以帮助诺基亚合理调配资源及制定与相关政府部门、赈灾专家和非政府组织密切合作的策略。诺基亚将为6个灾后重建项目投入3500万元人民币，其中两个项目有的放矢切实地解决当地问题。

◆ 诺基亚力助灾区青年创业项目

地震灾区的可持续发展的首要任务之一是为恢复灾区的食物、服务和工作岗位供应而重振商业发展。为达到此目标，诺基亚与隶属中国共青团的中国青年创业计划（YBC）紧密合作，给地震灾区青年提供创业资金支持，帮助他们重建家园。除此之外，诺基亚还在评估创业申请、监测服务提供情况以及跟进项目最新进展上提供支持。

◆ 诺基亚灾区"精神家园建设"项目

救灾工作的另一重心在于关爱受灾群众的情绪调节以及心理健康。为此，诺基亚北京研究中心联手中国科学院心理所和北京邮电大学共同启动"金色阳光工程"，旨在通过基于移动方案的心理治疗系统，帮助四川地震灾区受灾群众抚平心理创伤，重建生活信心。此项目基于移动方案的创伤后压力心理治疗系统，并采用诺基亚 PIMS 为畅通技术保证，为受灾群众提供心理援助。

诺基亚研发的此项软件免收流量费，提供包括数据收集、心理治疗、网络搜索等在内的一系列技术支持。若参与"金色阳光工程"的使用者不在服务范围内，应用远程协助技术，使用者可以通过手机进行自助心理评估。根据不同人群以及不同需求，心理咨询师会通过热线电话或手机短信回复使用者。

（三）诺基亚教育项目

诺基亚中国总裁赵科林曾说："一个国家的年轻人代表了这个国家的希望和社会的未来。"与这一观点一致，诺基亚相信："帮助中国青年扩大他们的商业视野，也可以帮助这一代人实现他们的梦想，以及中国的梦想。通过利用我们自己的管理和企业专长，并结合其他合作组织的技能，我们能为下一代商业人才提供运作成功和可持续商业的基础。"

诺基亚通过包括以下三个部分的整套方案来达成这一目标：创业教育项目（KAB），诺基亚青年创业教育计划（NYEP），中国青年创业计划（YBC）。这个三步骤的方案旨在提供完整的商业培训，KAB创业教育的目的是培训教师和其他培训师，使他们能够将商业发展的关键方面传达给大学生；诺基亚青年创业教育计划为已经准备好下一步成为创业者的学生提供协助；中国青年创业计划向已成功完成诺基亚青年创业教育计划并开始创业的青年提供资助。

◆ 创业教育项目（KAB）

2007 年，诺基亚与全国青联、国际劳工组织合作，为包括清华大学、北京大学、中山大学、中国人民大学以及北京航空航天大学、北京邮电大学在内的 50 所大专院校的 130 名创业导师进行了创业培训。与诺基亚对可持续性商业的承诺相一致，此项目为青年创业者打下了坚实的创业基础，并鼓励毕业生离校后选择自主创业作为可行出路之一。KAB 项目的最终目标是将 KAB 课程推广至中国所有的大专院校，使之成为必修课程之一。

◆ 诺基亚青年创业教育计划（NYEP）

诺基亚青年创业教育计划的基础是 KAB 创业教育项目（第一步），即培训教师和其他培训师，将商业发展的关键方面传达给大学生。NYEP 接下来向准备好下一步成为创业者的学生提供专家帮助。本质上，这个"三步"项目的第二部分是让中国的青年能够描绘他们的未来。该项目是一个全新的尝试，帮助中国大学毕业生准备、计划并创办自己的企业。

诺基亚已经向全国青联和中国光华科技基金会（附属于共青团的全国性公募基金，鼓励中国青年为中国科学发展做贡献）提供了 670 万元人民币，用于向毕业生们提供当今商业世界必需的创业技能。到 2009 年 6 月，诺基亚青年创业教育计划覆盖了全国 23 个城市 65 所大专院校超过 5.6 万名学生。其目标是到 2010 年之前，为超过 100 所大学的学生提供协助。

◆ 中国青年创业计划（YBC）

中国青年创业计划的目标是帮助中国的青年创业者锻炼风险管理、解决问题、严谨思考的技能。诺基亚与中国青年国际创业计划（国际青年创业计划的中国分部，非营利性质，通过动员社会特别是商业资源，给创业青年提供导师、资金和技术支持）合作，从 2005 年 11 月起为 5 万名 18~35 岁的青年提供了教育和商业辅导，资助新商业计划，项目参加者也可以得到三年的无息贷款。

可衡量的产出是巨大的。诺基亚评估了许多商业计划，并资助了其中的 151 个，相应地为弱势青年创造了 2000 多个工作岗位。可喜可贺的是每笔贷款都已偿还，一个可持续性的积极信号！

此项目为参与者提供了自主规划和经营的宝贵经验（锻炼自信及能力），也使年轻人能够形成良好的信用基础。创办可持续和健康的企业是一门重要的课程，这些企业每天都会形成新的机会，提供给越来越多的年轻人。项目的社会影响深远。年轻人的经济独立性和强烈自尊感都得到发展，商业界得益于创业精神的传播，而下降的青年失业率也会让全社会受益。

Echo Wang 作为第一位得到 YBC 资金的北京青年企业家，是参加者从项目中受益的好例子。由于得到了 YBC 的支持，王小姐开了一家填充玩具店，现在已经雇用了 20 多名员工。王小姐得到了 YBC 颁发的诚信证书，她说：

"当我思考诺基亚和 YBC 为我做了什么时，我想起一句中国谚语：雪中送炭胜过锦上添花。认识了和我一样希望获得商业成功的人，让我觉得自己并不孤独。"

九、思科中国 2008~2009 年度 CSR 案例

"我们为四川人民面对这一巨大自然灾害时所表现出的无畏勇气和顽强精神以及中共中央和地方政府所表现出的领导能力深深感动。企业社会责任一直是思科的核心企业文化之一，帮助灾后重建是我们义不容辞的责任。思科承诺同政府和产业长期而持续地合作，推动建立面向 21 世纪的教育和医疗体系。"

——思科公司董事会主席兼首席执行官 钱伯斯

(一) 思蜀援川项目

思蜀援川项目是一个由思科管理团队最高层发起的令人瞩目的"企业社会责任"项目。在汶川地震之后，思科积极提供救灾善款和物资支援地震救灾工作，累计捐赠金额超过 1700 万元人民币。同时，思科还积极同中国商界、政府以及非政府组织的领导人合作，确认需要提供援助的领域，尽力协助四川进行灾后长期的重建和发展。

2008 年 7 月 1 日，思科董事长兼 CEO 约翰·钱伯斯（John Chambers）先生与四川省省长蒋巨峰先生签订了谅解备忘录（MOU）。根据该备忘录，思科愿意投入 3 亿元人民币，与省政府共同致力于为四川灾区建立可复制、可衡量和可持续的面向 21 世纪的教育和医疗

项目。思科公司与四川省政府密切配合致力于：利用思科全球领先网络技术协助实现数字化校园和通过提供城乡学校之间的网络连接以缩短城乡教育水平差距，为教师提供远程培训，提高师资水平；协助建立公共卫生信息资源共享平台和疾病监控体系，实现远程医疗，把城市地区的优秀医疗资源带到偏远山区；此外双方还将加强中低端及高端等各种层次的 IT 职业培训，夯实四川 IT 产业的人才基础。

◆ 教育领域的援建

通过为一些指定的中小学提供教学工具、技术和培训，在四川教育领域创建示范学校；

通过思科及其合作伙伴的技术和专长进行技术革新和培训，缩小当地城市和农村的教育差距；

将思科网络技术学院（Networking Academies）扩展到四川全省所有职业技术学院和大学；

为教师的职业发展和新教师的培训建立新的模式；同顶级高等教育机构合作，创建新的教学内容、教育方法以及课程。

◆ 医疗领域的援建

为中国政府的"2020 年卫生计划"和"卫生改革"奠定基础；

充分利用多种资源解决四川迫切的卫生需求；

为疾病监控和医疗培训设计流动性的解决方案，为地区性的和全国性的联网医院建立多中心的开放式远程卫生医疗（Telehealth）网络；

创建可持续的、创新型的、可复制的医疗卫生信息技术项目模型。

◆ 母亲节网络千里现真情活动

2009 年 5 月 9 日，"母亲节网络千里现真情"活动成功举行。通过领先的思科网真技术，连线广州与成都两地，帮助从汶川灾区的桑坪中学来到广东碧桂园学校异地复学的学生与他们远在成都的母亲进行了互动交流，传递双方积攒已久的思念。凭借创造"面对面"真实体验的网络桥梁，思科网真系统让桑坪中学的同学们可以在广州亲身感受到千里之外母亲的温暖与关怀。思科中国企业公民暨多元文化总监刘念宁表示："思科深刻理解远在广州的桑坪中学的同学们离家已久，一定很希望可以见见他们远在成都的母亲。通过思科网真平台，我们希望能够帮助他们见到家人并进行'面对面'的沟通，让桑坪中学的同学们可以在广州感受到更多的温暖与关怀。"

在活动中，20 多名异地复课的灾区孩子围桌而坐，带着期盼的目光紧盯网真屏幕，轮流与远在家乡的妈妈亲密交流，仿佛置身于同一个屋中。孩子们清晰地看到妈妈脸上的皱纹、慈爱的眼神和眼中微微颤动的泪花，一幅久别重逢的温情画面顿时呈现在我们面前。

（二）员工募捐和志愿者活动

◆ 事业起航工作坊

2008 年 6 月份，思科中国进行了爱心义卖；同年 10 月 13 日至 15 日，思科中国进行了不记名募捐。这些活动不仅得到了思科中国广大员工的积极参与，同时也得到了东区三家合作伙伴的响应，共筹集到人民币 84382.14 元 。

思科公司用这笔善款为映秀幼儿园采购了共计 35 项教学器材，并于 2008 年 11 月 23 日全部运抵映秀幼儿园。目前这些教学器材均已投入使用。

2009 年 3 月 28 日，思科公司联合 JA 中国 （Junior Achievement China），在北京、上海与广州三地的高校同时举办了事业起航工作坊。在历时半天的活动中，57 位思科的志愿者结合自己学习、工作和生活的实例进行分析，帮助大学生们了解如何进行职业定位、简历书写、模拟面试以及团队合作等，激发了大学生们对提高自我的认识，加深了他们对职业和人生的理解。共有来自 3 座城市 7 所高校的483 名大学生从中受益。

中科院研究生院管理学院学生刘志帅说："至今，我还清楚地记得他们每个人的名字，仍品味着他们的谆谆教诲。我问自己：这是一次普通的课程或者培训吗？显然不是。至少，它还是一次'真刀真枪'的求职面试；至少，它还是一次开诚布公的职场介绍；至少，它还是一次真诚的心灵沟通和人生分享；至少，它还是一座友谊的无形桥梁；至少，它还是一次人生的导航。"

◆ JA 职业见习日

5月21日，"JA 职业见习日"活动在思科拉开了序幕。20 位思科志愿者带领 35 名来自北京师范大学附属中学高一年级的学生，近距离地体验了思科的工作环境与工作方式。学生们不仅有机会跟随和观察思科员工的工作，更能深刻体会学习与未来职业的相关联系。

见习活动让思科员工有机会参与到公益事业，服务于社区；让学生们去认识、发现学校外面的世界，更激发他们认识自我，发掘自我，努力思考，积极向前。北京师范大学附属中学的刘星雨同学在参加思科活动后的感想中写道："我最大的收获就是得到了一个信念：我们总在问，究竟我们在学校里拼命学习各种学科知识是为了什么，我想我现在知道了，其实具体的知识并不重要，真正重要的是在学习过程中我们所掌握、总结出的学习方法、技巧，这才是将真正令我们受益终生的东西。"

（三）思科网络技术学院项目

2008 年 9 月 18 日，思科宣布将与四川省政府和教育部进一步加强合作，在四川新建立 50 所思科网络技术学院，以实现该项目在四川省高等院校的 100%覆盖，思科将通过加大投入从而进一步履行对中国教育持续的承诺。

作为思科在华创新及可持续发展战略部署的重要举措，思科网络技术学院项目的扩大不仅加快了思科在中国本地化的进程，更能为中国的"科教兴国"战略起到积极的助推作用。

思科网络技术学院是由思科携手全球范围内的教育机构、公司、政府和国际组织，旨在推广和传播全面和最新的网络技术为主要内容的非营利性教育项目。成立至今已培训超过 260 万的人才，遍布全球 160 多个国家和地区。1998 年，思科网络技术学院项目正式进入中国。该项目通过与广大院校合作，采用先进的网络教材以及全球顶尖的 E-learning 教学平台，直接由思科认证的教师授课，并着重于实际动手操作能力的训练，"十年如一日"地为培养大批高级网络技术专才而努力。10 年来，思科网院已在中国 70 个城市拥有 200 所以上的网络技术学院，共有 10 万多名学生得到了培训。作为思科在华创新及可持续发展战略的重要组成部分，"十岁"的思科网络技术学院项目已经成为思科企业社会责任的具体体现。

十、网聚公益的力量——腾讯网络志愿者平台的公益之道

"尽管这已经是很平常的事情，可是，当你真正在网上和四面八方的志愿者聚集在一起的时候，当大家在线下真正去做点事情的时候，你还是会时常感叹网络的力量，它把许多无力的个体变成了有用的力量。"

——公益行动的志愿者

（一）网络志愿者平台：关爱生命万里行

在汶川特大地震发生一周年之际，一个民间公益组织——"关爱生命万里行"活动小组决定延续 2008 年的工作，组织志愿者赴川，打算深入安置点、医疗卫生机构、学校等重要公共场所，通过心理游戏、电影赏析、关心抚慰、联谊晚会、医疗咨询、赠送礼物、成长伙伴等一系列活动，共同纪念汶川特大地震发生一周年。

"关爱生命万里行"活动小组在多个网络平台上发布了信息，并把腾讯公益网上的志愿者系统安排为主要的信息平台、报名平台。两个月中，7048 名网友争相报名，最终，千里挑一，30 名志愿者越众而出，组建了一个卓越精干的志愿者团队。

看一看这个团队的构成：

年龄：这个团队里有 90 后，也有 50 后，从 18 岁到 52 岁几乎能凑成祖孙三代；

地域：这个团队里来自全国各地——北首都、南海口、东上海、西昆明、中武汉……身怀一技之长，也身怀仁心、热血的人们遍布

全国；

职业：这里既有医生、心理咨询师，也有大学教师、企业负责人，既有奥运火炬手、人民警察、法律工作者，也有普通学生，等等。

志愿者们各有截然不同的背景，却超越了种种差异，所有的共同点，不过是有一个共同的心愿——关爱生命，笑揽生命，永不湮灭对同胞的爱。如果说再有一个相同之处，那就应该是：一个网络上的志愿者平台把他们联系在了一起。

（二）网络志愿者平台的践行之道：99 度+1 度

一个网上志愿者系统在两个月内募集 7000 名义工，当一个小小的网络平台有幸能为成千上万的志愿者而服务时，这个平台也即因此而成就了自己的价值。不妨用"99 度+1 度"的比喻来看待我们的网络工具和志愿者们。年龄、职业、地域等背景，把人们区隔成一个个不同的生活圈子。而当网络工具能够为人们共同的内心价值而建立社区时，独立埋藏在每个志愿者心中的热情与能力也就得以汇聚了。网络工具这 1 度的力量，也就成就了志愿者们 99 度的热度……

其实，这也就是所有腾讯公益志愿者和腾讯公益一直努力寻求的公益之道。志愿者系统正在努力，"我们希望，在中国这片土地上，每一个志愿者都能在腾讯的平台上发现贡献自己公益力量的最佳方式，每一个公益活动都能得到最温暖的光与热。最终，我们会看到最好的事情在发生：如网友所言——我们将在一起，明白生命的含义，获得成长的力量"。

（三）熊猫回家路——腾讯公益慈善基金会捐建大熊猫兽舍

2009 年 5 月 18 日上午，"中华环境保护基金会、腾讯公益慈善基金会大熊猫兽舍捐建揭牌仪式"在中国保护大熊猫研究中心碧峰峡基地豹子山别墅区举行，大熊猫地震一周年后的爱心家园，已经在逐步完善当中了。现在，走进腾讯人援助建设的碧峰峡基地，大家可以看到，13 只地震后出生的大熊猫已经在活动场内和饲养员交流嬉戏，在一片春意中，憨态可掬的熊猫宝宝们正在尽情享受生活的乐趣。熊猫宝宝当然不知道自己家园的前世今生了，不过，它们的爸爸妈妈，却一定还记得些什么……

"5·12"大地震，其主要震区覆盖到了四川卧龙国家自然保护区，原先的大熊猫保护区遭到了严重的破坏，事后再看地震带来的影响，只能用"地貌大变，山河破碎"来形容，给野生大熊猫的栖息地造成很严重的影响。而此地的大熊猫保护基地的设施，则遭到了毁灭性的破坏，一些傍山而建的熊猫圈舍差不多完全被压垮掩埋了。那一时，熊猫们惊呆了，吓傻了。有的不知所措地等待地动山摇的止息，有的龟缩在废墟里瑟瑟颤抖，有的惊恐地爬上树梢以求安全……最终，它们绝大多数逃过一劫，但仍有 1 只大熊猫死亡，1 只大熊猫失踪。

其后，在迂折不断、险情频发的脱难过程中，大熊猫们终于在工作人员的保护下，安然地从地震的阴影中走了出来。可是，损毁的旧卧龙大熊猫研究中心不能再使用了，熊猫家庭被转移到了雅安碧峰峡基地，60 只大熊猫一下子挤入了原本只能承载 20 来只大熊猫的碧峰峡基地。研究中心迅速启动了大熊猫临时板房圈舍的建设工作，很快搭建起了大熊猫家庭的 17 套临时住房。但这仍不是长久之计，在研究中心最为困难的时候，中华环境保护基金会和腾讯公益慈善基金会伸出援助之手。腾讯专门投入 100 万元，为研究中心捐建了两套大熊猫固定圈舍，即"豹子山别墅区 1 号"和"豹子山别墅区 2 号"。捐建的两套圈舍占地面积 2400 平方米，其中运动场占地 2000 平方米，兽舍建筑面积 120 平方米，壕沟围墙 240 米，目前是这里最好的大熊猫圈舍。因为"腾讯熊猫别墅"环境设施较好，配套齐全，奥运熊猫宝宝从北京回来后就是在这里休整调理的，而今后凡参加重要外事活动如作为国宝交流到国外的熊猫，也将会以此作为其出发前的观察、休养的基地。

现在，在 Q 哥 Q 妹们的助力下，这里已经成了灾后大熊猫们最温暖的新家了，碧峰峡生长着 40 多个种类的箭竹，一日三餐，大熊猫们都能大嚼特嚼鲜嫩的竹叶和竹笋啦。吃住无忧，加上饲养员细致入微的养育照顾，熊猫们迅速恢复了体力。一年间，又有 13 个新的小生命陆续诞生了……

十一、南方报业传媒集团——让无力者有力，让悲观者前行

"回望逝去的 365 个日夜，我们所有的努力，都是为了证明'我是一个记者'"，时任主编的江艺平将这句话留在了 1999 年《南方周末》的新年寄语里。十年后的今天，当我们重新注视《南方周末》，重新注视南方报业传媒集团走过的历程时，我们不禁慨叹：她仍然践行着她的承诺，肩负着舆论导向的重任，走在"能言，敢言"的新闻媒体梯队里的最前列。

媒体不仅是一个企业组织，同时也是一个社会组织。如果将节目、报道、评论作为媒体的产品来看，它们同一般的企业产品相比，既有共性，也有特性。尤其是当考虑到它们在引导舆论方面的重要意义时，社会大众对媒体的行为变得更为敏感。其社会责任行为影响力更深远，范围更广。处在这样一个特殊行业里，南方报业传媒集团多年以来一直积极倡导、实践、推广企业社会责任，并为传媒行业其他公司认识、学习企业社会责任起到了模范表率作用。

不论是从利益相关者的角度来看，还是从行业的特殊性来讲，新闻报道的质量都是南方报业传媒集团履行企业社会责任最为根本，也是最为重要的关注点。多年以来，南方报业传媒集团旗下的《南方日报》、《南方周末》、《南方都市报》等都以其"敢说真话，敢于揭发，敢于批判"的特点为同行和广大的读者所尊重。其深度报道和评论多次引起政府部门和民众的大量关注。其"让无力者有力，让悲观者前行"的办报思想，为弱势群体说话、为弱势群体谋福利的行为，为其赢得了很高的社会赞誉。此外，集团旗下的《21 世纪经济报道》、《南方人物周刊》等刊物也以其精准性、洞察力和影响力为社会各界所赞赏。这些刊物高质量的报道，为读者深刻认识社会、敏锐洞察社会提供了良好的平台。其对民生问题、弱势群体、基层群众的关怀，

和对黑恶势力、恶性事件的勇于揭发都体现出其集团立足于社会、为社会服务的良知和社会责任感、使命感。

此外，除保证本身报道内容的高质量外，南方报业传媒集团也走在同行业社会公益事业的前列。尤其是在对教育事业的关注和对企业社会责任的推动方面，南方报业传媒集团都做出了卓越的贡献。该集团一直以来秉承的"社会性第一，经济性第二"的经营理念对其社会责任履行的优秀表现做出了最好的诠释。

(一) 传媒责任

◆ 非常态下的传媒责任履行

面对当前社会中部分媒体"公共信息平台向强势群体倾斜、新闻镜像失真和人文精神的缺失"的现象，南方报业传媒集团旗下的报刊长期以来着力于对社会敏感事件、突发事件、冲突事件的关注。以《南方周末》为例，其 2008 年 78 篇头版报道之中，就有 27 篇文章关注于突发事件的报道。其所占比例之大，可谓是我国报纸之首。在这些报道之中，以头版头条形式进行报道的共计 17 篇，其他位置报道的有 10 篇，共占头版总量的 36%。针对这些突发事件，《南方周末》作为第三方，对此进行了及时、全面的报道。这些报道语言中性，消息来源多元，对新闻事实进行了客观冷静的再现，以避免对读者情绪的煽动，给予读者独立思考的空间和平台。

其中《雪压中国》、《拯救"京广大动脉"》、《记者直击湖南冰雪五日》、《14 天 13 夜，一车蔬菜的旅程》等针对年初雪灾的报道；《他们这些年》等针对两会换届的报道；号外《逼近震中》，以及后来的 36 版大地震现场报道，16 版地震专题等对"5·12"汶川大地震的报道；对许多民生事件的关注等都尽可能帮助百姓全面地了解事件现状和发展动向。

无现场，不新闻，徒步深入震中，见证悲情大爱。面对我们永远无法忘记的"5·12"汶川大地震，南方报业传媒集团更是第一时间派出报道小组，分别赶赴理县、映秀、北川、汶川等地震重灾区进行报道。5 月 15 日的号外，22 日的 36 版现场报道，29 日的 16 版专题，

6月12日、13日、19日的跟踪报道及之后的"希望小学"的联合组建、公益影展的举办，爱心志愿者夏令营活动等，无不展现出该集团对社会责任的注重和实践。

◆ 常态下的传媒社会责任履行

媒体应该是社会公器。媒体的重要性首先在于它是公共信息的平台。在常态下，南方报业传媒集团始终恪守公正、真实和理性的价值底线，用最真实的文字和图像告诉我们身边发生的事情。集团旗下的《南方周末》一直以来都是传媒界的精神标杆。其视角独特，语言到位，敢言他人所不敢言，客观公正地对社会上发生的事情进行即时、详细的报道。这里仅以其对政治性题材新闻的报道为例就可略见一斑。与传统报道时政一直避敏感话题而不谈、题材平淡无奇不同，对于报业同行眼里如同鸡肋的时政题材，《南方周末》创造了自己独特的报道模式——平视权力。所谓的平视权力，就是同以官员为代表的政治权力进行平等的对话和交流，从而展示政治的原生态和官员的真性情，增加政治透明度和能见度。平视权力不是传统媒体的"捂盖子"式的报道，而是通过让民众知道事实真相并了解其中原委，来达到消除疑虑的作用。南方报业传媒集团注重对民众的公民意识和政治理性的培养，本身就是其社会责任履行的最大亮点。长期以来，南方报业传媒集团旗下的《南方周末》仍能以"启蒙"自诩，可谓是新闻媒体中屹立不倒的精神标杆！

（二）推动教育事业发展

◆ 小桔灯计划

"小桔灯乡村小学图书馆计划"是由南方报业传媒集团旗下的《21世纪经济报道》与中国平安共同主办的一项针对乡村儿童阅读改善的公益项目。

该项目主要关注对知识鸿沟的消除以及对乡村儿童的良好阅读习惯的培养，以帮助农村儿童实现未来更良好的教育。该计划以帮助建立乡村小学图书馆，成立小桔灯读书会为具体操作内容。图书的来源主要是爱心人士的捐助，建设图书馆的费用则由主办方发起筹集。此外，该计划还招募志愿者对当地小学生进行为期一周的阅读教育，帮助小学建立有效的图书馆管理制度。自该项目正式实施以来，从2008年4月至今，已在重庆开县白泉乡平安希望小学开展常规项目一次，并在"5·12"地震后一个月推进绵竹，为绵竹市天河小学、绵竹市玉泉镇玉泉学校两所学校捐赠5000余册图书、大批文具及玩具，使当地两所小学已初步拥有小型图书馆，并已分享到为期一周的阅读教育课程。此外，加上后续项目的跟进，具体包括福建上杭县梅溪村平安希望小学、江西省遂川县堆子前平安希望小学等学校图书捐助、电子书协助编录、志愿者帮助等活动，"小桔灯计划"项目合计已举办了10期。延续"快乐阅读，分享知识"的宗旨，集合广大社会和爱心人士的力量，"小桔灯计划"正不断向缩短城乡儿童、东西部儿童的阅读差距这一目标靠近。

◆ 燃烛行动

按照教育部的要求，全国范围内44.8万代课教师自2006年起被大量清退。这些曾为我国教育事业贡献了自己青春的编制外教师们，不得不离开他们曾经奋斗的岗位，另谋生路。继对教师清退事件进行报道之后，《南方周末》在2008年携手腾讯新闻，针对甘肃定西渭源县超过千名的曾经的代课教师，开展包括转岗就业和就业培训在内的系列公益活动。该公益活动意在帮助这些需要转岗的代课教师掌握必备的社会生存的专业技能，争取新的就业机会。自该项目履行，截至2008年10月19日，"燃烛行动"所筹集到的捐款总数已达694243.51元。在2008年12月22日"燃烛行动"在广州举行的新闻发布会中宣布，300多名待清退的甘肃渭源代课教师中，暂时已经有100名最困难的对象被确定为项目的首批资助对象，每人获得了4000元用于小型生产的款项。

◆ "幸福中国"爱心夏令营——幸福七巧板

自汶川地震之后，重建活动正广泛展开。但是灾后的重建，并非只是硬件设施的重建，更重要的是对灾民的心理、精神方面的抚慰和重建。为减缓受灾区域广大青少年儿童和学龄儿童的心理创伤，帮助他们尽快走出心理阴影，"幸福中国——幸福七巧板"活动征集了大量专业志愿者前往灾区，对当地的孩子进行开放式、游戏式的教育。南方报业传媒集团在 2008 年 9 月 7~13 日和 9 月 14~20 日两次展开志愿者夏令营活动，组织大批志愿者进入四川灾区绵阳八一帐篷学校、北川香泉小学等 10 所活动板房学校帮助受灾孩子跨越心理障碍。在活动中，志愿者开设绘画、手工、舞蹈 3 个兴趣班（其中科普知识/体育拓展/音乐为每个兴趣班全程安排课程，自救技能为各个兴趣班学生可自选的课程），采用寓教于乐的方式进行活动，在课余时间对灾区孩子的心理、兴趣等加以健康的引导和培养。南方报业传媒集团通过媒体呼吁和实质工作，着力解决受灾地区实际困难。

2008~2009 年度南方报业传媒集团的企业社会责任实践是对其以往社会责任行为的传承和继续。同往年的企业社会责任相比，本年度南方报业传媒集团的企业社会责任关注点更为明确。其不仅在原有的基础之上对早些年前提出的"红粉笔乡村教育计划"、"麦田守望者行动计划"和希望小学建立等内容做了进一步的完善和推广，还加大了对教育事业的投入与关注，开展了诸如"小桔灯"、"燃烛行动"、"幸福中国"等一系列优秀公益性活动。

南方报业传媒集团结合自身特点，争做报业表率，专注教育事业推进的责任实践值得我们学习。

（张喆　中国人民大学商学院）

第四章 《盟集》精选

一、寄语《盟集》

　　转眼间《盟集》这份电子杂志已办了 2 年，同盟正式成立已有 3 年，而从筹备至今，我随着这个组织走过了 4 年。伴着组织成长，秘书处这个团队也随着组织的成长而发展，这个团队中的每个人都幸福地忙碌着，因为在这个家庭式的组织里，我们拥有共同的理想，共同的信念，我们把这份工作当成毕生追求的事业在奋斗。中国的 NGO 正处在发展阶段，需要在探索学习中前进，没有执著与努力及奉献精神，很难坚持走下去，因为我们面对的是多样性的困难与挫折。值得庆幸的是，四年来同盟秘书处已组建出一支健康阳光的团队，在这里，每个人都富有职业奉献精神，开朗热情，积极向上。在同盟实习的优秀的中外学子们，无一不留恋这个组织，常常加班的办公室里，时常充满着欢笑，我为身在这样的组织而快乐自豪。

　　再说说《盟集》，她记录了同盟成长的路程，会员的动态以及业界的发展信息。两年来，我写了不少结合 CSR 动态的主题文章，每期的封面我都会用心去想去设计，同事们帮我选出了几篇文章作为这本发展报告的一部分与大家共勉。我想对于这份电子刊物要特别鸣谢三位同事，一位是高级研究员张浩而，浩而妹妹经常和我一起探讨交流确定《盟集》的主题；一位是新加入同盟做特邀顾问的郭毅博士，他从学者的角度来做企业案例的评析；还有一位是同盟的事务助理童云，她主要负责完成每期《盟集》的编辑整理工作。

我想我们会继续努力，持续办好这份电子杂志，扩大她的传播量。最后希望同盟发展越来越好，身在同盟的每个人都能为推动中国企业社会责任建设发展贡献一份自己的力量。

执行秘书长 金子璐

2009 年 9 月 16 日

二、《盟集》简介

《盟集》是由中国企业社会责任同盟秘书处编辑发布，为中国首份传播企业社会责任的电子刊物。主要内容包括焦点评论、会员动态、CSR 新闻、业界时事及 CSR 案例展示评析等。

自 2007 年 11 月首份《盟集》发布以来，以半月刊/月刊为期，已创立近两年，《盟集》由中国企业社会责任同盟执行秘书长金子璐创始并担任主编，发出量从最初的百余份增至现在的几千份，很快就会有过万人的阅读量，阅读者为中国大陆以及港澳台各界精英人士，包括政府官员、著名学者、商界名流、驻外使节、NGO 职业人员、媒体记者等，成为 CSR 理论与实践展示的窗口与传播平台。

《盟集》记录了中国企业社会责任同盟的成长经历，记录了同盟会员企业履行社会责任的时事动态，汇集了时下热点 CSR 新闻，对典型的 CSR 案例进行了分析，是一份主题鲜明、立意明确的 CSR 电子刊物。她架起了同盟会员企业及同盟合作伙伴间相互沟通了解的信息桥梁，展示了中国 CSR 快速发展的过程。

三、《盟集》精选

（一）有一种责任叫做关怀

【引注】2006 年，华为员工胡新宇因劳累猝死。2007 年 7 月 18 日，年仅 26 岁的华为员工张锐在深圳梅林某小区楼道内自缢身亡。2007 年 8 月 11 日，华为公司长春办事处一名赵姓员工跳楼自杀。2007 年 12 月 5 日，深圳华为公司乔向英起床后进入洗手间梳洗时突然倒下猝死。频繁的非正常死亡使得华为著名的"床垫文化"、"加班文化"、"狼性文化"遭到质疑。华为老总任正非也曾在内部承认，"员工中患忧郁症、焦虑症的不断增多，令人十分担心"。

这次的评谈主要来谈谈 CSR 中的对于员工的责任。在说这个话题的时候，我们不再准备用一味的正面的形象去树立榜样，但是我们也不是去否定某些企业，这次所谈话题要从一个沉重的词汇开始：死亡。

那天有位企业界的朋友问浩而一个问题："说起跳楼，你会想到什么？"浩而没加思索地回答"华为"。是的，这太值得思索，我们不知道为什么那一刻出现的是这样一个中国最优秀的企业的名字！同时，更难理解当一个企业和一种恐怖的死亡方式产生了一种条件反射式的联系的时候，这对于一个企业又意味着什么……众所周知，华为是一家中国顶尖的电信网络解决方案提供商，在业绩和分公司范围上来讲，华为无疑是中国本土企业中最为成功的一个：目前，华为的产品和解决方案已经应用于全球 100 多个国家，以及 35 个全球前 50 强的运营商，服务全球用户数超过 10 亿。

按照常理来讲，这样的企业应该是一个光鲜的、充满吸引力的、充满人文关怀的博大精深的组织。可是自 2 月份以来，连续发生的两起华为员工坠楼身亡事件再次告诉我们：华为在对员工责任上有可能出现了缺失。事实上，华为缺少的是对员工应有的关怀，一种把员工视如家人的态度，或者说是一种魄力。大家都知道，华为奉行的是狼文化，即市场是残酷的、华为的每一位员工都要尽自己一切的努力来完成自己的任务，同时企业渲染能者生存的工作态度，施行残酷的淘汰制度。去年年初满城风雨的华为重新与员工签订劳动合同来逃避新《劳动法》规范的事件其实就是华为内部苛刻残酷制度的一个缩影。如果不是，那又何必耗费如此周折做准备呢。

当然，我们并不是在批判华为的竞争制度。因为一个企业要生存、要做大做强，总需要一些超常的努力，也总需要有些人做出很大的牺牲，这是企业的经营战略，本来无可厚非。可是我们必须要说的是：华为是否做好了让员工付出超常努力之后的善后准备了呢？答案是并没有。从员工的角度看，繁重的工作压力、残酷的淘汰制度、复杂而庞杂的人际关系，这些本来就是产生压力和绝望的温床，然而在这之余，如果没有良好的员工福利、没有员工休息和娱乐的空间、没有相应的抚恤和调节制度、没有人性化的关怀和呵护的话，那华为员工的坠楼身亡就不是一件偶然的事。更何况，员工作为一个企业的最重要的核心竞争力，其劳动时间和强度本身就是要适当的，我们希望有个像安捷伦公司一样人性化的华为那绝对是强人所难，但是我们渴望华为这样顶尖杰出的企业可以尽到对于员工最起码的责任，那就是关怀。

还记得 2008 年的早春，胡锦涛总书记到山西大同煤矿考察的时候视察工人们的工作环境（当然代表煤矿已经算很好的了），尽管口中是为了救助南方雪灾而要求他们努力工作，可是总书记的眼里还是含着一些特殊而难以言表的情感，那就是关怀。据我们所知，山西各个大小煤矿 80% 的工人一天之中只有早晨和晚上可以吃饭，一下井就是八九个小时连轴转、不吃东西，因为饭菜通过数千米的传送带传到工人手中的时候已经是和着脏水和煤渣，没有办法吃了。这种情况在山西的煤窑里是十分普遍的，工人们虽然可以多拿到一些薪水，可是付出的是透支的身体健康，更有甚者可能是一条性命。

我们想，中国的煤矿不能算是正规管理的企业，因为他们的采掘条件有限、设备也简陋。我相信我们任何一家企业都不愿意把自己同一家煤窑相提并论，可是现实往往是企业的员工却做着与煤矿工人同病相怜的工作，承受着不公的待遇，尽管他们的薪水或许真的很高，但是作为一个有正常权利的人来说，他更应该得到的是尊重和关怀，更加渴望得到的是人性化和快乐工作的权利。像华为采用的这种"杀鸡取卵"式的工作模式，在攻城略地时期并不会显现出什么，但当华为已经赫然晋升成为世界 500 强知名企业，并进入持续增长期的时候，就得认真考虑研究员工制度暴露出的一系列问题，否则对于华为就会产生不利而且严重的影响。

本期的评谈并非刻意片面地暴露些什么话题，只是有感而论。同盟本着美好的希望，憧憬扎实的成长，我们真诚地希望各位企业家在自身企业发展中，除了对外部社会责任进行慈善捐助和举办公益项目的重视外，还要抽些时间能够静下心来为自己的员工设身处地着想，尽到另外一种对内的社会责任，那就是对于员工的关怀和爱护。

——摘自《盟集》2008 年 3 月上

（二）震寰宇之同心　展民族之脊梁

【引注】2008 年 5 月 12 日，一场里氏 8.0 级的特大地震，撼动了四川，与此同时，也震撼了整个中国大地。一时间，来自政府、民间的救援爱心行动在紧张有序地展开……

汶川大地震的每段文字、每张照片带给我们的都是眼泪，然而痛苦让中华民族空前的团结、坚强。坚定、勇敢、守望相助就是地震后所见证到的精神与景象。

金子和浩而在震后都去了灾区，在那块曾经风景秀美的土地上见到的是一片崩溃的寂静。幸运的只剩一个前脸墙的房屋、老泪纵横的失去儿女的父母、哭天喊地的失去父母的儿女；尸体、截肢……但是这些只是痛苦，给予心灵冲击及真正震撼的是求生的精神和呐喊，是很多素昧平生的无私奉献，是无数企业和企业家众志成城的支援，正是这些，构成了中华民族特有的脊梁，一种无论遭受到任何恐惧和惨烈都能重新站起来的坚强和伟大。

不管余震怎样剧烈，我们看到了那样一幅场景：一位妇女在被压废墟 5 天之后终于获救，这 5 天中她依靠自己的血液和被压断的肢体过活，然而在救援人员发现她的时候，她说，让我自己把腿锯了吧，终于可以活着见到我的儿子了；在同盟志愿者集中的方碑村，我们看到妇女们已经开始在田间劳作，在地头的妇女告诉我们，她们村子相对好些，虽然房子全塌了，但没死什么人，还遇到你们这些好心人，不能耽搁农活为你们添麻烦；谢谢，谢谢。感激之情溢于全脸（因为同盟为这个大车根本开不进来，有 1500 人而被暂时遗忘的村子提供了数万米的彩条布和应急粮食，让全体村民不会淋雨挨饿）。

在汉旺镇上，一片废墟的东汽厂了无声息，可是谁都不曾想到就在 5 月 25 日，东汽已经在德阳建立临时厂房并恢复了生产，那些连夜冒雨从废墟之中抢掘出来的设备和原料还带着地震留给它们的伤痕。像这样的震撼我想绝对不止于我们看到的这些，每每想起这些场景、这些活生生的人或事已经超越感动，因为在那巨大的灾难面前，求生和自救才是真正值得推崇的品格。

辗转到了长虹在绵阳的培训中心，这个不大的地方成了近来大家视线中的焦点。北川中学所有幸存学生就被安置在这座培训中心之中，这里成了 1300 名学生临时的家和学校。在长虹厂的厨房里，我们见到了为孩子们准备食物而辛苦受累的厨师们，他们说为了孩子们不怕辛苦。北川中学的党委书记坚强地和同盟的何秘书长及项目总干事一起商量灾后重建的想法（书记漂亮的 17 岁独生女也是北川中学的学生，遇难了）。据我们所知，长虹厂在震后的第二天就主动将自己的培训中心作为孩子们的临时安身之处，因为帐篷缺，长虹厂自己的员工就住到了窝棚里，肯定地讲，长虹厂安置的 1300 名学生应该是各个安置点里生活过得最好的，有吃有穿有课上。孩子们还经常收到各个企业的礼物。那身临其境所体会到的一个民族企业所承担的社会责任，只能用伟大来形容！

陈光标这位被誉为"中国首善"的企业家在重灾区北川俨然就是一个专业的英雄救援家，他作为企业家的代表，在震后第二天就带着自己的有 60 台重型机械的车队来到北川，震区的很多路都是他的队伍清障的。像他这样的企业家还有很多很多，大家有钱出钱、有力出力，迸发的应该是一种英雄的脊梁精神，比社会责任感来得更加壮烈和沉重。

一定要提让世界关注震撼的全民力量。我们看到成都的出租汽车司机自发地组成了有 1000 多辆车的庞大志愿者车队帮助免费运送伤员，我们在路上偶遇了一位从成都赶去都江堰的司机，他说他刚才已经把伤员运往成都一趟了，现在回去希望能帮忙；大难面前难免纰漏，一些没有来得及拿到灾民证的乡亲们由于不能进入安置点，当然也就没有口粮可吃，于是每到吃饭的时间，我们都会看到市民自发组织起来提着大包小包的食物送给那些在附近席地而坐的灾民们，从不问姓名，更不多说什么；华西医院的一位外科医生同时做几台截肢手术，他嘴唇虚白，对金子说很是难受但也很开心，因为挽救了一个个生命；我们看到，灾难面前人人其实都是大英雄，在最最危难的时候爆发出的民族脊梁精神最让人震撼，那是寰宇中最响亮的呐喊。

同盟的所有企业伙伴们团结与同心，日月共鉴。同盟会员均瑶所属的航空公司在震后第二天就同意专设了运输救援物资的专用舱位，通过秘书处的调配每天都运走大量的物资；万科率先赶到了一线参加救援；同盟的所有企业都以不同的形式在行动着、凝聚着。我们相信，地震带给中华民族的凝聚和团结要远远大于伤痛和眼泪，让寰宇知道了中华民族的精神力量，灾难压不弯的脊梁！

——摘自《盟集》2008 年 5 月下

（三）"平民企业"的社会责任

【引注】济南"阳光大姐"是于 2001 年 10 月创办的家政服务机构。成立以来，共培训妇女 3.8 万人，安置就业 7 万余人次，为 3.8 万户家庭、35 万人提供了家政服务，就业妇女通过"阳光大姐"获得直接劳动收入达 4975 万元。

现实生活中，我们的社会成员绝大部分是普通的民众，他们不是精英也不拥有权势，但是他们可以自我供养，并在不断发展；当我们放眼企业界的时候，我们会发现，其实经济领域也是一样，不是每一个优秀企业都可以进入世界 500 强、中国 500 强，也不是每一个企业都有大量利润可供支配，光环聚焦的企业只是极少数，数以万计的企业还要承受强大的生存压力，它们的生产规模有限，员工数量有限，我们愿意称呼这类企业为"平民企业"。虽然目前我们无法对"平民企业"这样一个概念做出精准的定义，但是直观的意思我想大家都可以理解。

那么像这样的"平民企业"应不应该履行社会责任呢？"平民企业"可能连自身生存都无法保障，那么它如何履行社会责任呢？"平民企业"的社会责任包含哪些方面呢？本期和下期的评谈舍我们来谈论这样一个具有创新意义的问题。

毫无疑问，大中型企业的社会责任现在正在被企业逐渐重视，社会整体氛围也对这些企业的社会责任的履行起到了推动和监督的作用，可以说这些企业的社会责任相对明显、相对有框架、相对易于把握，所谓"仓廪实而知礼节"对于企业来说也同样成立。不过，对于那些"平民企业"而言，社会责任虽然不具有显著性，而且社会舆论也不可能对其形成监督作用，但是"平民企业"仍然要履行社会责任。可以说，这种社会责任与大中型企业的企业公民行为具有较大的差别："平民企业"的成本压力要远远高于大中型企业，所以在人力、生产条件等方面势必要缩减成本，由此，我们不能奢求"平民企业"达到员工福利优厚的水平，但是作为有良知的个体，企业主应该给予员工正常的待遇和社会保障；再者，由于"平民企业"对于生产资料成本的压缩，有的企业不能保证基本的环境标准，出现了"三废"排放不达标等严重污染环境的问题，超越了企业的环境底线，这也是一个负责任的企业应该杜绝的；最后，社会公益事业对于"平民企业"来说是不现实的，所以我们不必奢求其履行社会公益责任，当然，企业成长之后再行回报社会也并不晚。

在说明"平民企业"的社会责任时，我们举家政公司为例，因为家政公司的业务模式的原因，它所雇佣的多为外来务工女性，而且多为农村的贫困者。那么家政公司对于这些家政服务员是不是负责，其实不仅仅是企业社会责任方面的问题，更是一个基本的道德问题。我们看到有不少家政公司给员工很少的薪水，同时并不在意家政服务员的医疗保险、意外伤害保险等社会保障，导致很多从事保姆职业的女性有病无人负担医药费、出了意外无人赔偿其损失等，其实这些现象只需要一些社会保险就可以解决，这类社会保障类的保险可以采取公司负担一部分、家政人员个人负担一部分、雇主负担一部分的模式来解决，但是这个问题解决的源头还在于家政类企业真正看清自己的社会责任。其实"平民企业"的社会责任更多地只能依赖良知层面的约束，同时我们应该看到，有德经商是中华民族的一个传统美德，所谓儒商就包含此类意味。

我们认为社会也应该多多扶助和引导"平民企业"在保障自身经营的同时来履行适当的社会责任，当然这种扶助的前提是关注和思考。对于那些恪守良知的企业，我们应该给予额外的支持和奖励，甚至可以帮助其发展壮大，为社会贡献更多的价值；当然，对于那些不按规则行事、不负责任的企业我们应该给予曝光和谴责，应该让其为自己的行为付出相应的代价。过去 30 年中，我们可以看到联合国系统的多个组织一直在努力地建立一套完备的劳工体系来限制企业出现使用童工、工作条件恶劣、严重低于薪酬标准和随意延长工作时间的行为，而我们知道，这些行为在我们身边的小企业中是普遍存在的，并且在短时间内是无法自我修正的，那么面对这样的倾向，我们采用一种"表扬先进"式的做法显然更有利于"平民企业"承担社会责任状况的改善。

其实大中型企业和"平民企业"的社会责任有如国画与油画，从小学国画的人都清楚，国画是那样一种画法：画国画之前要经过精心的构思来构图，要去明确一个框架和内涵；但是油画就不同了，我们暂且不说抽象的后现代派油画，就是普通的油画创作也有这个性质：一幅油画你可以画一辈子。这说明油画的创作相对灵活，并且可以随整体构图的变化而不断变化和改动，直至你不想改动为止。所以我们总结，大中型企业的社会责任好比国画创作，需要构思和框架；而"平民企业"的社会责任有相似于油画之处，它可以相对灵活，可以随着整体的变化而不断变化。同盟作为由知名中外企业发起的企业社会责任组织，一直以来都在关注大中型企业的社会责任建设，今后同盟在重视现有建设的同时，也会更多地解读"平民企业"的社会责任行为，为社会最终的和谐发展贡献力量。

———摘自《盟集》2008 年 7 月上

（四）当努力遇上机遇

【引注】第 29 届奥运会于 2008 年 8 月 8 日至 8 月 24 日在北京隆重举行，有来自五大洲的 205 个国家和地区参赛，北京奥运会成为了历史上参赛国家和地区最多的一届奥运会。

奥运会虽然结束了，但是留给我们的激情和思考却越发显得清晰。在奥运赛场上，我们目睹一个个运动健儿为了自己的梦想而拼搏，他们的背后是漫长的艰辛与努力的历程。得到冠军的是少数具备实力抓住机遇的幸运儿，从奥运成绩的榜单上我们似乎不会太注意那些以参与为自豪的运动员们的喜悦和伤感，可是其实，每一个站在奥林匹克赛场上参加比赛的人都有一个共同的特性：那就是持续不断的努力，当然，他们中的一些抓住了机遇，而另一些则没那么幸运。

自奥运会开始筹备以来，奥运赛场的气氛就广阔地延伸到了社会的每一个领域；同样，在企业社会责任领域最直观的体现莫过于奥运会赞助商和奥运会合作伙伴的博弈和最终出现。我们在地铁站、航站楼外、高端购物中心的广告栏里看到的简简单单的几个与 2008 北京奥运会会徽放在一起的 LOGO，背后却隐藏着令我们好奇的疑问：什么样的企业可以得到这样的头衔。我们坚定地认为：只有当努力遇上机遇，才可以。

这"努力"二字似乎太过宽泛，太过包罗万象。而作为企业社会责任视角的"努力"，则有它特定的意义。从企业战略层面，到管理层面，再到项目层面，这种努力必须是多层次的。从企业战略层面上讲，每一个成功的企业都不乏优异的战略规划，同时有着本组织特有的战略方向，那么在这一揽子战略当中是否包含一个明确的 CSR 战略呢？大多数的答案未必是有。可是战略层面的"努力"又是必备的，因为战略指引管理，如果没有 CSR 战略，那么 CSR 管理也必然会有所缺失，抑或是东一榔头、西一棒槌的零散的东西，很难形成合力，对于企业核心竞争力的积攒效用微乎其微。以做 CSR 战略而著称的 AccountAbility，通过多年研究，结合 IBM 等众多跨国公司在 CSR 领域的经验，开发出一套协助企业进行战略分析的 GLN 系统。GLN 的常务董事 Joe Sellwood 曾表示，在我们所接触的许多咨询项目中发现，很多企业非常热衷于 CSR 项目，但他们的 CSR 活动通常缺乏战略规划，以至于企业战略与 CSR 项目不能互补，这直接影响了战略的有效性，甚至会使大众对企业品牌的认识感到模糊。管理层面的 "努力" 同样是企业 CSR 的重要一环：管理体系承载着量化和系统化 CSR 战略的作用，如果没有 CSR 管理体系，那么 CSR 战略也不过是一纸空文，没有任何意义；管理散乱的 CSR 项目不但往往不能达到企业的目标效果，反而有可能为企业带来负面的影响。最后，CSR 项目层面的努力将是最终落实企业社会责任的关键一环，所谓的项目层面包括项目调研、设计、执行和评估等关键环节，这些将是一个企业 CSR 战略和管理体系质量的最终表现，需要下大力气地 "努力" 才能自主形成一个完整的 CSR 系统，才能对企业的核心竞争力起到正向的促进作用。

但是，企业 CSR 往往是厚积薄发式的积累，企业社会责任为企业带来的正面影响需要时间和机遇来体现和爆发。比如 2008 年的奥运会在中国北京举办，那么要成为奥运会的合作伙伴则是件光荣而有益于企业品牌建设的 "大事"。但这仅仅体现出一种突然的机遇，即有这样一次机会来为企业带来收益。只有那些一直以来都在努力实践企业公民、品牌社会声誉优异的企业才真正有实力获得奥运会合作伙伴的殊荣，从这个层面上讲，企业需要的不仅仅是一种机遇，更需要的是一种持续的努力和自我建设。这种努力将不仅仅体现在企业社会责任方面，其实企业的任何一点成功都是努力和机遇的绝对组合。

本期评谈舍，我们从奥运会的成功召开和奥运健儿的精彩表现有所感悟，所谓的 "台上一分钟，台下十年功" 其实不仅仅在阐述台下十年功的重要，也在告诉人们舞台与十年功的相遇才会造就真正的明星。这个道理于企业也是一样，而同盟无疑将成为这种进程的支持者和推动者，我们期待着更多 CSR 明星企业的出现，期待着这样的企业公民创造出更多的社会价值。

——摘自《盟集》2008 年 8 月下

（五）取之于信，还之于诚

【引注】 三鹿毒奶粉事件，媒体曝光出许多乳制品行业的潜规则，添加三聚氰胺就是其中一条。虽然随后各大乳制品厂商纷纷召开记者会表明自身的清白，但是，此次事件给整个中国的乳制品行业，甚至是整个中国的食品安全，蒙上了一层很厚的阴影。老百姓纷纷无奈地表示：现在在中国，还有什么是能吃的？

从约一个月前小范围的开始讨论三鹿奶粉存在导致肾结石的毒害物质，到现在人们几乎能在大大小小的报刊、网站中读到并理解三聚氰胺这个复杂物质的致病原理，社会公众的视野在一次又一次的事件中被扩展，人们对于食品安全的认识也更加深入和细致。我们在网络上看到很多恶搞蒙牛、伊利以及三鹿三家中国境内知名乳制品厂商的笑话，很多人看到只是笑一笑，很多人可能会觉得道理可取但表达方式过于荒诞，相信还有很多人看了之后会非常不舒服，这其中大概就包括这三家以及所有被检测出含有三聚氰胺的乳制品厂商。

在这个乳制品行业的"知名的秘密"被揭穿之前，人们对于牛奶的好感是不言而喻的。从企业社会责任角度看，整个社会舆论对于蒙牛、伊利等牛奶厂商是信任加赞许。蒙牛一直以来坚持的"每天一斤奶，强壮中国人"的免费送到乡村学校的公益活动引起了社会各界的广泛关注，人们纷纷称赞蒙牛此举是"事关整个民族发展的义举"。但是转瞬间，我们发现一小撮三聚氰胺就让几年来的努力灰飞烟灭，因为你的乳品如果有问题的话，你的公益项目就成了件"每天一斤奶，毁掉中国人"的肾结石推广工程，必然遗臭万年；同样，伊利几年来的不懈努力，成为奥运会乳制品特约提供商以及奥运合作伙伴的殊荣也将一时间变得毫无价值，一切的公共关系处理也变得渺小而无力。

一直以来，蒙牛和伊利不但得到社会大众的信任，并且在企业外部社会责任上也大下工夫，单纯就公益领域的经验而言，这两家是当之无愧的佼佼者。可是问题就在于：优秀的公益践行者就是优秀的企业公民吗？

从企业社会责任这个概念诞生的第一天起，从科学家到企业家都将企业社会责任定义为一个多维的概念，尽管到现在为止，全世界对于企业社会责任的定义版本不下百多个，但是人们都必须承认：对于消费者的责任是企业天大的事。在整个企业社会责任模块中，对消费者责任归属于供应链责任模块，可以说，企业的供应链责任是企业的立命根本，也是诸多社会责任模块中优先级最高的。可是这部分责任往往并没有被上升到责任的高度，企业通常用生产流程控制、质检等方式来处理对消费者责任，其实如果能再加入道德守则和企业文化的诚信因素，对消费者责任将更加容易落地。蒙牛的牛根生在博客中谈到，其实牛奶企业本身并不可能向牛奶中添加任何毒害物质，但是上游奶农会这么做就不足为奇了，不过是为了给自己的牛奶提高一个级别，多卖些钱。可是转念一想：这些奶农大多是些朴实的农牧民出身，他们的文化水平虽然低，但是社会道德感却是可以引导的。如果能将最朴素的责任感传授给奶农，同时对奶源进行更为精密的检测的话，这次的致命性打击就不会出现，中国的乳品制造业也不会突然间萧条。企业供应链责任虽然在世界范围内被提及得最早、守则程度也最深入、国际标准也最多，可是一直未得到企业应有的重视，或者说企业并不认为产品质量与企业社会责任相关，同时也不会采用一种责任建设的视角去审视产品质量和供应链管理。

我们预计，这次事件产生的多米诺骨牌效应还将继续，可能我们生活的周遭还有太多太多这样那样的如"三聚氰胺"一样的隐性杀手，也可能我们每天都食用的食材是我们身体健康的隐患。这种效应将把食品企业的社会责任推上风口浪尖，当然，这次不是公益活动也不是环境保护，而是供应链责任、消费者责任，企业有没有认真履行这份责任，将成为判定一个企业生死的军令状。在食品行业之后，在三聚氰胺风波过去之后，我们相信所有的产品生产商都要经过供应链问责的洗礼，完美主义的消费者会苛求企业的商品包含社会价值，而普通的消费者至少会审视产品背后的健康和安全问题，这样才会是一个正常的社会、正常的消费者行为。所以这一切的一切会给企业带来更大的挑战，我们需要从企业社会责任珠峰的山脚攀爬，在登顶的路上不懈努力，在各个阶段行使不同的使命、践行不同的责任，使企业社会责任得到强化和发展。

取之于信，还之于诚。希望同盟的企业共勉，完整的企业社会责任是每一个企业共同的追求。

——摘自《盟集》2008 年 9 月上

（六）季节的哲学

——"秋收冬藏"的 CSR

【引注】美国次贷危机进一步加深。2008 年 9 月，有 158 年历史的雷曼兄弟宣布申请破产保护——而目前这家美国第四大投行的倒下已经波及了其在华业务——虽然雷曼中国的声明中表示破产保护的只是母公司，上海办事处的运行一切正常，但是华安基金还是发布了其国际配置基金的相关风险提示，称雷曼破产一事可能导致其无法开展正常赎回业务。

现在，打开计算机的互联网浏览器，输入 www.lehman.com，你同样会被带到一个叫做 Lehman Brothers 的世界级金融机构的主页上，这似乎和一年之前没有任何差别，或许你可能会发现只是首页的图片更新了而已。然而，这一场景似乎再也不能旁若无人、熟视无睹地在我们的意识中上演了，因为地球上所有关注金融行业的人都知道一个事实：雷曼兄弟破产了。

当然，雷曼不会平白无故地破产，它的倒下昭示给我们的是一个灰暗且略带恐慌的动荡时代，这种恐慌不仅仅来自于金融业的大萧条甚至局部崩溃，更来自于对于社会和民生的担忧。的确，如果我们稍微关注一下主流媒体或金融专业信息，你就会发现一个与以往任何一次迷你经济危机都不一样的论调：那就是几乎所有人都在唱空谈衰。我们援引 9 月 2 日 OECD 的预测，2008 年美国经济增长 1.8%、欧洲 1.3%、日本 1.2%，这与我们去年此时的设想差别不小可谓。更加重要的是，在金融危机阴影笼罩下的股市的情况就更糟，如果拿出股市走向图，可以让人心惊胆战，我们清楚这种糟糕不只来自于 8000 亿美元救市方案获得通过之后的几连阴，更来自于一种经济萧条时期的心态传染病。

欧美在发生翻天覆地的巨变，那么中国在多大程度上会遭受影响？这个问题目前是无法预测的，但是我们可以肯定的是：状况不会比一般情况更好。然而作为企业社会责任对于企业目前的重要性而言，CSR 惯性被保留、被发扬光大的进程会不会因此而受阻？面对更加有限的 CSR 预算或并入其他预算的有限的一点社会投资，我们如何能让其更有效率，这些都是我们面对的，也是亟待解决的问题。

讨论此类问题，我们要先引出一个中国传统的管理思想，名曰"秋收冬藏"，意思应该再明显不过了。企业现在经历的经济环境是冬天，冬天寒冷、不好过，但是越是这样的时候越应该重视积累、重视储藏。所谓储藏的含义，我们认为在经济环境不理想的情况下，企业 CSR 最应该做的是制定战略、梳理思路，调整品牌项目，做到适当的战略收缩。众所周知，企业 CSR 战略是企业 CSR 的原点，也可以说是企业社会责任链中最重要的环节之一，但是有很多企业都缺乏这样的战略规划，有的别说是五年规划，即便是明年的规划都抱歉欠奉，等到第二年时再去寻找或策划权宜的项目，尽管有的也取得了不错的社会收效，可是这种 CSR 投资效用不持久，对企业的发展战略不能说毫无益处，但是益处不大。更何况在经济紧缩的"过冬期"，CSR 预算是最容易被削减或砍掉的项目，越是在这个时候，对于资源的效率要求也就越高，如果没有 CSR 战略的指引和保障的话，企业的 CSR 项目很容易散掉，那么本身就很紧缺的资源实际上大部分被浪费掉了，没有得到高效运作。所以我们认为在过冬期梳理战略和制定体系是对未来更有持续效应的动作。

那么另外一个问题就是，过冬期到底还要不要做企业社会责任方面的事？这个问题更普遍，也更揪心。有若干企业主在交流时用很为直白的话说：我们的员工连饭碗都保不住了，我们哪还有心情去做社会投资？我们觉得这个事情要分两个层面去看：如果一个企业真的走到了濒临倒闭破产的边缘，比如雷曼兄弟在破产之前的状态，那么是否坚持企业社会责任履行其实也体现在你如何结束一个企业的生命上，负责任的结束和蛮横的结束是会收到不同效果的；另一层面，对于那些离破产有一段距离，但资金链相对紧张的企业来说，可以选择非货币的形式来为外部社会责任贡献力量，等待经济好转再行改变做法。总之，其实社会责任可以渗透到企业的任何一种生存状态中去，不论你的企业是创业期、成长期、发展期还是黄金期、衰败期，企业的行为都有负责任与不负责任之分，在每个企业所处的时期用合适的方式、沿着正确的方向去做，企业社会责任行为才是可持续的，社会在和谐下逐步发展才是有动能的。

——摘自《盟集》2008 年 10 月上

（七）公民社会责任随想

【引注】由中国企业社会责任同盟、中国社会工作协会、绵阳市民政局、绵阳市企业社会责任协会联合举办的针对在地震灾区14岁以下贫困病残儿童实施免费医疗救助的"关爱2008——走进绵阳"公益活动启动仪式在绵阳市举行。

走在绵阳的街上，从村里到市里，发现这个城市在国内来说是很干净的城市，虽然到处还有地震的痕迹，人们过得悠闲自在，几分羡慕，几分思考，一个清洁工人在休息、观望大街的举动推出本次评谈的话题。记得在日本的大街上，也是街边一位清扫大街的清洁工人引起金子的注意，清洁工人身上的装备太先进了。在清洁工人类似"百宝囊"般的工具兜里，有各式各样先进的清扫工具，有的工具用来清扫街道砖沿与路面的缝隙；有的工具用来清理黏在路上的口香糖等污物；有的工具用来去除大面积的油渍；还有的工具用于拾取微小的垃圾。更加难得的是，这位清洁工人不论大街如何嘈杂，人群如何熙攘，甚至有人围观在某处看热闹时，他还是坚守自己的岗位，在自己的上班时间为街道，也可以说是为社会付出更多的心血，让公众有更好的活动环境，让城市更清洁。

不光是日本，其实韩国的普通民众也有此意识：每一位社会人都认为自己是社会的公民，公民要承担公民社会责任。当然，这种公民社会责任可能还没有形成经典的、成形的定义，但是从那些零星而微小的公民社会责任行为中我们也可以窥见一斑。在中国，在我们大力倡导企业承担社会责任的同时，同盟也在思考社会整体的责任组成。不只企业需要负起责任，我们的所有社会公民都应该负起对这个社会的责任：第一个层次的公民责任是忠于职守、爱岗敬业、合法纳税；第二个层次是克己复礼、弘扬道德、乐于助人；第三个层次是举一反三，发挥能动性反作用于社会整体，比如责任消费等。这些公民社会责任和所谓的不同层次其实是根据实践推理出的结论，未必具有权威性，但是我们发现这样的公民社会责任定义与企业社会责任有着天然且密不可分的联系。

公民社会责任的第一个层面，要求公民承担最基本的社会责任，那就是扮演好一个社会角色，忠于自己的社会分工，这是其他任何社会责任的基础：一方面人要生存，必须找到自己的社会价值和角色分工；另一方面人在扮演社会角色的过程中履行社会责任。这不禁令人联想到企业社会责任的第一个层面，也就是通常所说的良好经济效益、尊重股东利益、为政府纳税和为社会创造优质的产品与服务。与公民社会责任一样，如果一个企业连自己产品和服务的质量都无法保证的话，那也就注定无法在社会中立足。

公民社会责任的第二个层面，要求公民承担"仓廪实而知礼节"意义上的道义和自由裁量的社会责任，能够在忠于社会职守的同时建立个人操守、建立正确的价值观和道德观，同时可以为社会作出自由裁量的非硬性贡献。人们通常对于这样的社会公民会不自觉地崇敬、欣赏、愿意与之交往。这与企业界的道理一样，一个企业在解决了产品和服务的基本问题之后应该酌情考虑做一个道义企业，甚至履行部分自由裁量的贡献性社会责任，这也就是我们平时常说的作为优秀企业公民的基本特征。往往在这个层面上做事的企业和负责任的社会公民一样，都会受到人们的敬仰、欣赏和崇尚，这其中包括企业内部的员工、外部的潜在员工、既有消费者和潜在消费者等。

当然，公民社会责任的第三个层面在现实中还不具备相应条件，但是我们认为这是人类进入 21 世纪以来较为明显的趋势之一：责任消费等能动行为。这些能动行为一旦达到某种规模，即可对社会产生排山倒海的影响，甚至创造出新的生产和消费模式。责任消费就是这样一个颇具社会能动性效应的概念，责任消费理念倡导通过消费者自愿的消费意识的改变，实现经济、环境和社会的可持续发展，换句话说，消费者只会考虑购买那些负责任的厂商生产的产品、提供的服务。在这个层面上，企业社会责任和公民社会责任实现了内涵上的互通，而且产生了强有力的相互作用：一方面，公民社会责任不断地推动企业社会责任向前发展，不断地引导人类走向可持续、绿色和人文关怀；另一方面，不断自觉、高质量履行的企业社会责任为消费者提供不仅优质而且负责任的产品与服务，推进公民社会责任的进一步发展与演进。由此我们不难看出，现在所知的企业社会责任最高层次也开始显现：那就是能动地促进公民社会责任的不断进步和发展，从而建立起一个真正的公民社会。

本期的评谈舍探讨了社会责任的不同实施主体之间的内在联系，我们也在不断地思考和检视自己的思维与理念，随着时代和社会的发展，我们有理由相信公民社会责任和企业社会责任将协调发展，目前在中国较少被提及的公民社会责任必将在今后的一段时间内有长足的发展，我们也希望责任消费式的能动时代可以早些到来。

——摘自《盟集》2008 年 12 月上

（八）我们的尊重，献给新的一年

【引注】2009 年 1 月，全球爆发金融危机，1 月 10 日，花旗与摩根士丹利将商讨业务合并。1 月 12 日，俄罗斯允许卢布大幅贬值。1 月 12 日，奥巴马承诺将调整 7000 亿美元金融救援计划。

2009 年第 1 期的评谈文章，我们当然是要展望新的一年带给我们的希望和挑战，但愿我们可以实现更多的希望，将更多的挑战转化为机遇。在新的一年里，我们用一个略显庄严的标签：尊重。在其他展望 2009 年的文章中，人们习惯性地表达期盼、祝愿和祈祷的情感，因为 2009 年确实是非常不寻常的一年。我们为什么要用"尊重"这样一个词汇呢？我想这一切也都源自于 2009 年在共和国历史上的不平凡和在世界经济史上的不平凡。

翻开 2009 年的扉页，直接映入我们眼帘的是全球性的严峻的经济危机，甚至局部地区出现的经济衰退迹象。我们中国人有句古语叫"秋收冬藏"，那么我想现在的经济环境或许就是冬天最好的表述。然而在严峻的经济危机面前，不同的经济体和个人会做出截然不同的反应，有些人哀伤，有些人忧愁，有些人踌躇满志，有些人寻找机会。当然，不论是哪种心态，其实都是对于全球经济危机的最直接反应，只不过有些人乐观有些人悲观而已。但是我们在 2009 年伊始演变得越发严重的这场全球经济危机面前，或许最需要的心态是"尊重"，因为只有充分尊重，才能有助于经济危机的缓解，最终大家才能走出阴霾。

当理想照进现实，一切就都改变了我们的预期。在奥巴马登上美国权力宝座伊始，我们听到的是这样一句言辞略带激烈的陈述："如果纳税人在出钱帮你，那么你就有责任不再贪婪地活着"，此后奥巴马在上任的第一个月内公布了美国历史上鲜有的"限薪令"，一时间华尔街以及社会各界哗然。当然，众多华尔街从业者和分析师对于这项法令的诟病和批评并不是没有依据的：这样的限薪令存在太多漏洞，实际上成了一纸空文。在一定意义上，我们也同意这样的看法，限薪 50 万美元确实让整个华尔街的薪酬体系乱了套，同时也并未从根本上解决造成经济危机的核心问题。但是，这条法令却给了普通大众这样一种震撼：经济危机是莫大的现实，我们非但不能漠视，还要万分尊重。当然，所谓尊重，不同的人有不同的认知，也对尊重有着千千万万种的后续行为，但是从普遍意义上讲，这种尊重更代表了一种重视，或者说一种接受现实并立志改变的精神。所以，奥巴马的"限薪令"更大的意义在于理念和精神层面，奥巴马用一种带有强制性的国家权力让华尔街那群平素惯于"岿然不动"的大佬们摆正他们的意识：别再优哉游哉了，经济危机来了！这一句全力之呼，更像是一声怒吼，希望唤醒和挤出人们正确的响应，虽然相隔遥远，但是我们却能深刻地理解他的用意：无论这项法令是否可行，他至少足够有力地唤醒了人们，我们需要的是对经济危机的尊重。

话题转回企业社会责任，那就形成了"经济危机下的企业社会责任将何去何从？"是峰回路转，还是勇往直前？还是停留观望？这些选择相信会缠绕着每一位企业责任经理人的思绪，当然，也是企业高层管理者需要重点考虑的问题。我想，我们对于企业社会责任的热情和决心不会有任何的反复，但是大环境如此，权宜也好，暂时也罢，企业社会责任是否该"缓一缓"？

在对 2009 年的展望中，我们得到了若干的好消息。就同盟研究部对于 2009 年部分企业 CSR 预算和战略实施规划的调研而言，几乎没有发现削减企业社会责任预算的现象，很多企业说：我们的 CSR 才刚刚起步，停掉一年对于我们来说长期损失太大了。我们甚至看到了有部分企业把企业社会责任 5 年战略规划、与商业战略匹配等项目特意拿到了 2009 年来实施，它们的理由是："秋收冬藏"的管理哲学要求我们，在冬天更要懂得提高企业素质，修炼内力。

2009 年的世界，经济危机的影响自然是不言而喻的，然而除去经济危机，2009 年的书页上还赫然记录着一些其他的意象：中华人民共和国建国 60 周年，奥巴马执政的头一年，中法传统友谊亟待修复的一年，期待牛年牛市的一年……无论如何，新的一年总是充满期待和祝福，不过，期待和祝福的实现是有条件的，那就是对现实的尊重，对挑战的尊重，对一切未知的尊重。

——摘自《盟集》2009 年 1 月上

（九）公益营销与自主创新

【引注】2009 年 1 月 14 日，由全国"榜样公益"系列活动组委会、腾讯公益慈善基金会、公益时报社联合主办的首届中国公益新闻年会在京举行。在表彰一批优秀媒体公民的同时，与中国企业社会责任同盟联合发起了中国传媒推动公益事业发展联盟，成立了中国公益记者俱乐部。

草长莺飞三月天，春色盎然，这个月世界的新闻焦点齐聚在 G20 峰会上，我们看到了争吵，看到了沟通壁垒，看到了合作，不过归根结底，G20 还是给了世界一剂强心针：大国间在某种层面上达成了也许是空前的合作。通过这种形式上的合作，全世界战胜经济危机的信心才能加强，经济的春天或许真的离我们不远了。更何况，胡锦涛总书记一反前态与法国总统萨科奇的碰面，多少给那些悬在中法关系破裂边缘的法国企业一些安慰，我们在《盟集》新年展望篇里所描述的中法传统友谊的恢复或许真的不远了。

世界经济局势出现了转机，企业社会责任领域也诞生了很多新鲜的概念。不过"公益营销"这个专有词汇已经不算是新鲜了，但是公益营销因为最先出现在社会公众面前，直到现在还有大量的社会民众把企业社会责任与公益营销等同起来，可见公益营销极大的杀伤力和影响力。但是多多少少，人们在某种意义上对公益营销所持的态度并不那么友善。在中国这个对公益和慈善历来带有道德光环的国家里，五千年以来积淀的"公益即君子"的文化已经很深并且越来越深地在社会公众心中生根。在民众的视野中，公益来不得半点商业，来不得半点其他目的，公益就像是贞节牌坊一样——必须要很纯粹，甚至是纯洁。这种想法有其形成的历史原因，所以我们并不去推敲它的对与错。但是对于公益营销这个企业目前喜闻乐见的营销手段而言，如何达到基于社会公众认知的良好营销效果、如何兼顾公益营销项目的市场性和公益性，却成为了企业公益营销施行者们最难解开的难题。

几日前传媒公益联盟的第一次正式活动的主题——金融危机下中国慈善进度，活动上各媒体合作伙伴都在参与公益营销这个话题的讨论，异常热闹。我作为东道主之一没有多言，在此，我谈谈我的观点及认识：与企业业务相结合的切实改善社会问题的公益营销方式是企业公益的一种可持续形式，基于业务及企业专长的公益营销不但"无罪"，而且应该被广泛提倡。我们都清楚，无论是企业生产还是社会服务，都有"闻道有先后，术业有专攻"之说，也就是说，如果石油企业非要去关注盲童的话也并不是不可以，但是效率肯定是不高的，那么不如把关爱盲童的公共服务"让"给博士伦、卫康这样专业的视力产品企业来实施，这样在保证专业性的同时也使资源使用更有效率。于是，像卫康这样的视力产品公司使用基于盲人群体的公益营销方式去营销自己的相关视力产品便成为正常而且理所应当的行为。只要我们坚持公益营销项目对社会弱势群体的正向作用和实质性改善，那么公益营销带来的企业业务正向影响也是企业应得的"嘉奖"。换句话说，当公益营销成为企业不可或缺的实现社会价值和经济价值的重要手段时，企业才可以产生持续的、深入的动力来策划和执行更多的社会公益项目，并且不断地改进社会服务模式，不断地创新。这样对于企业的社会责任管理体系而言，也实现了关键环节的可持续性——项目设计和实施环节，这一环节是承接企业社会责任战略和绩效的重要环节，在这一环节企业产生了动力，等于注射了责任强心针。

于是由公益营销我们不得不谈到自主创新对于公益的巨大影响。几十年如一日地做某件工作确实值得尊敬，但是我们为什么不试着思考，如何创新让我们坚持的理念执行起来更有效率、效果更好呢？这样一来，自主创新似乎成为了公益营销和大多数公益项目能否成功和在多大程度上取得成功的关键问题。思科的网助计划、WWF的"地球一小时"、多背一公斤等公益项目和公益组织之所以成功，正是因为极大的创新给了社会公众一种从未有过的公益体验，所以公众才会从好奇、想了解到最终理解、参与甚至投身进来，也只有这样，公益才能起到其应有的效果。如果我们一直陷在传统的、资源利用模式简单、效率不高的公益模式中不能自拔的话，那么一切的公益营销都将成为空谈，或者只能带来一时的轰动效应，不能持久。

同盟在执行公益项目时，其实一直在恪守自主创新的准则，其中在四川震区灾后重建的公益项目、在贵州山区等地开展的公益项目都带有十分明显的创新意味。同盟愿意同各位优秀的企业公民一道探寻真正有效的公益策略，同时坚持公益自主创新的自我要求，做真正有益于社会、有益于企业发展的企业社会责任项目，实现社会、企业、弱势群体的多方共赢。

——摘自《盟集》2009 年 3 月

（十）道德与责任

【引注】2009 年 5 月，曾任中国环境大使的满文军爆出吸毒事件，曾经说"我在农村长大，不受娱乐圈坏风气的影响"的他在事实面前变得如此单薄。昔日的公益明星，早已烟消云散，留在人们脑海里的是那些永远抹不去的"吸毒"记忆。

2009 年 6 月 27 日 5 时 30 分，上海市闵行区莲花南路一在建楼盘工地发生楼体倒覆事件，致 1 名工人死亡。事故调查组已认定其为重大责任事故……

时光荏苒，岁月如梭，一转眼 2009 年已经过半。在这半年时间里，发生了很多令人振奋和感动的事，我们为社会文明的进步和公民意识的提升而感到由衷的愉悦欣喜；但也有一些事件让人扼腕叹息，困惑不解：一贯以阳光形象代言社会公益的某著名歌手居然吸毒；身居要职的深圳市原某领导酒后做出令人不齿的举动，却口出狂言，公然以自身的职位和权力蔑视法律与道德；经济最发达城市发生新建公寓楼房整体倒塌，开发商的良心以及社会的监督与约束机制再次成为人们热议的话题……

这些接二连三发生的事情引发我们的深深思考：社会究竟怎么了？改革开放 30 多年来，我们在保持社会稳定条件下实现体制转型和经济的高速增长，所取得的成就不容置疑；但同样无法回避的是社会道德层面的整体状况与经济发展水平并不完全契合，我们并没有真正建立起适应现代市场经济发展要求的价值原则和道德规范。

在社会学层面上关于道德的解释只有短短的一句话，"道德通常是指规定行为是非的惯例或原则"，然而，这短短的一句话却包含着十分深刻的内涵，有些人终其一生却仍无法真正领悟。

道德首先是一种行为规范，它告诉我们什么是对的，什么是错的，什么行为是可以的或应该的，什么行动是不可以的或是被禁止的。然而，与同样作为行为规范的法律相比，道德规范的本质属性在于"自律"，也就是说，监督人们行为的不在于某种外在的强制力量，而是人们内在的"良心"。道德行为的发生，或者说人们在良心约束下的行动，其前提在于人们对某种代表真、善、美行为规范的由衷"认同"，"认同"是自愿、自觉、自律道德行为发生的必要条件。尽管道德有其"他律"的一面，譬如社会舆论对人们行为的约束作用，但作为道德行为的"他律"必须通过"自律"产生作用，如果某人对某种道德规范并不认同，外在舆论力量作为一种非强制性因素是无法使其采取道德行为的。

由于对行为规范的观念认同和行动自律，道德在现实中主要体现为个人在社会生活中的责任。某歌手曾积极投身于社会公益，我们相信他有自己关于"善"的认识；深圳市某原领导身居公务要职，时常出入公共场合，我想也不至于缺乏关于对与错的判断能力。但这些人之所以越线，其根本原因在于他们关于社会道德规范的认识仅停留于认知层面，而没有走向思想意识上的认同，缺乏对社会生活规范由衷的尊重与敬畏，因而自然就无法采取行动上的自律。

除此之外，责任的大小还与能力相关，能力越大，影响越大，责任相应也就越大。古人曾把人分为四种，分类的标准是德与才的有无程度，认为德才兼备的人是社会栋梁，有德无才的人是社会模范，无德无才的人是市井百姓，有才无德的人是社会毒瘤。能力需要在道德与责任的驾驭下才能体现出其社会意义，个人如此，企业亦是如此。

30多年的体制改革，我国建立起社会主义市场经济体制并逐步走向完善，企业成为真正的市场主体，企业行为渗透社会生活的方方面面，对社会生活产生广泛而深刻的影响；但另一方面，我们尚未建立与现代市场经济相适应的商业伦理与企业道德规范。为了降低成本、追逐最大化利润，不少企业不惜剥削员工、破坏环境、贿赂官员。这些企业在实现财富集聚的同时对社会的负面影响也越来越大。最近发生的一桩与前政府高层密切相关的集腐败、贿赂、公海赌博、洗钱于一身的某企业家的污浊事件就非常清晰地说明了这一点。这位企业家曾经出现在大小财富排行榜的榜首，有很多人曾经对之吹捧之至。然而，他和他的企业财富的积累源自对社会的伤害，企业家能力越强，企业影响力越大，伤害也就越深。

现代市场经济是企业生存与发展的生态环境，正如德鲁克所说，一个健康的企业不可能在一个病态的社会中生存，一个健康的社会也不允许一个病态的企业长期存在。当德行败露，上述企业家所积聚的财富烟消云散，他本人也随之身陷囹圄。

随着改革的深化、市场经济的深入发展和公民社会的真正到来，一种与社会主义核心价值相适应、与现代市场经济要求相契合的经济伦理和价值准则终将确立并走向完善。在这种市场生态下，企业若要保持竞争优势，实现长期可持续发展，必须充分理解社会对其责任期待，对现代商业伦理和自身社会责任有深刻的认识、认同与尊重，并将这种责任意识转化为企业社会责任行为，使企业行动符合社会要求，与社会期待相结合，做对社会有益的企业公民。

具有强烈责任意识的企业能够将对自身的社会责任要求内化并嵌入企业日常管理机制，成为企业的一种常态行为方式。这类企业往往具有以下几方面特征：

（1）不仅把遵守伦理规范视作组织获取利益的一种手段，更把其视作组织的一项责任。

（2）不仅从组织自身角度更从社会整体角度看问题。

（3）尊重包括所有者在内的各类利益相关者的利益。

（4）不是把人看做手段，而是视为目的本身。

（5）包含并超越了法律的要求，能让组织取得卓越的成就。

（6）具有自律的特征。

（7）以组织的价值观为行为导向。

从以上特征中，我们不难发现企业社会责任与道德的关联：企业社会责任建立在企业对社会道德规范的充分认同与尊重基础上，企业将社会道德要求内化为对自身的行为自律，并采取积极有效的相应措施。在这个意义上，企业社会责任不仅是企业对自身道义要求，更是企业适应社会环境和市场经济生态要求的一种能力展示。这种展示将使企业进一步获得各利益相关者和社会民众的理解与支持，为其成长为"百年卓越企业"奠定基础。

——摘自《盟集》2009 年 6 月

（十一）传民族之魂　承中华精神

【引注】在中国企业社会责任同盟与思科网络系统中国有限公司的精心组织、协调、安排下，受中华音乐人交流协会之邀，"同盟北川民族中学羌语艺术团"于 2009 年 9 月赴台湾参加 9·21 大地震十周年纪念活动。北川民族中学师生为台湾同胞和各界关注受灾后重建的热心人士，进行了羌歌、羌笛和羌舞的表演。展示我国羌族的古老文化，显示灾区人民抗震救灾的坚强品质和乐观精神的同时也促进了两岸文化沟通交流。

经常外出，常常在想，飞机真是个奇妙的东西，进舱出舱，业已时空转换，环境、制度、文化甚至亲情、友爱联系可能全然不同。此次台湾之行顺利，受到诸多礼遇。飞机离台返京之际，两岸诸多方面的异同以十分感性的形式涌上心间。台湾渐行渐远，这是一个 2300 万人口拥有 220 多所大学的宝岛，人们将垃圾山变为绿色园林、垃圾以每年 5%~7% 的数量递减，全民环保意识浓厚。同时，带有日式风格的传统中华礼仪、极度自由甚至走向庸俗化的民主政治也令人尴尬。而迎接我的，则是正处六十华诞的祖国，古老的大地处处张灯结彩，喜气洋洋，母亲这一代共和国的同龄军人更是异常兴奋。伟大的祖国正处顺势崛起，实现全面复兴的关键时刻，共和国六十年的发展历程和未来发展方向令全世界瞩目。而我觉得，这个国家经济、社会、文化发展和民众幸福安康的保证深深植根于民族之魂，只要中华精神不灭，这个民族注定拥有辉煌的未来。

过零丁洋
——（宋）文天祥

辛苦遭逢起一经，干戈寥落四周星。

山河破碎风飘絮，身世浮沉雨打萍。

惶恐滩头说惶恐，零丁洋里叹零丁。

人生自古谁无死，留取丹心照汗青。

南宋时期，文天祥与元军作战，兵败后被俘，在押送燕京时，他描写了自己的囚徒生活以及由此而产生的感慨，写下了上述《过零丁洋》诗句，其间高尚的民族气节凛然可见。六个世纪过后，同样的民族危亡之时，中国涌现出了一批又一批的有识之士，他们与文天祥一样，有着令人骄傲的"民族之魂"。

19 世纪末 20 世纪初的中国社会处于一个极度曲折、多灾多难的时期，同时也是一个英雄辈出的时期。康有为、梁启超、谭嗣同等仁人志士，他们被海盗逻辑和强盛文明所震惊，愤然而起，维新自强，追求强国富民之路。近百年前的鲁迅、李大钊、闻一多等先辈，他们的共和之梦被内乱外患所破碎，发出了"寄意寒星荃不察，我以我血荐轩辕"的怒吼，高举民主与科学的大旗，投身于救亡运动之中。杰出科学家钱学森抱着"他日为你复兴而效劳"之志留美，新中国成立后曲折五年回国效力，为了祖国母亲的强大独立奉献终身。

一百多年来，代表着先觉、正义和良知的知识分子是中华民族精神的重要载体，他们在祖国危难之时所表现出来的气节，让我们不得不赞叹"中国魂"的力量。这是令中华民族生生不息、繁荣发展的精、气、神。为了民族独立和国家富强，他们不屈权贵，不畏险阻，不计名利，扎扎实实、默默无闻地追求民族独立和国家强盛，旗帜鲜明地维护民族尊严和国家利益，头可断，血可流，而精、气、神不可丢。无数志士仁人英雄豪杰，胸有浩气，腹有人民，秉承夸父追日、杜鹃啼血般的民族品质，奋发踔厉、坚忍不拔，挺起了民族的脊梁。

六十一甲子，天地一轮回，弹指一挥间，诗书礼赞五千年。

岁月之手苍劲地掀开 2009 年，欣逢中华人民共和国建国六十周年大庆。国际社会对走向强盛的中国给予了前所未有的关注。英国《卫报》专门为共和国六十年国庆推出名为"十字路口的中国"系列报道，以西方的视角关注中国的发展变化。在该报网站上写道："在传统中国文化中，60 是一个轮回。不论以何种标准来看，中华人民共和国的这一轮回都是完满的。从毛泽东宣布'中国人民站起来了'到今天的 60 年，从邓小平改革开放到现在的 30 载，中国经历了动荡与繁荣。在庆祝建国 60 周年之际，中国面临着来自经济、社会、环境等诸多方面的挑战，同时也见证着其全球影响力和权威性的升腾。"

中国，在世人眼中曾经只是意味着战争、贫穷、愚昧、落后……从昔日西方人眼里的"东亚病夫"，到今日西方传媒"完满的"评价，古老的民族这一路走来实属不易。尤其在这六十年里，中华民族的传统的精、气、神，更主要地体现为国人的奋发向上、崇尚进步、努力创新的实践，其间虽然经历波折，但中国人刻苦求进的理想和努力从未中断。

拿破仑有句关于中国的名言：中国是一只睡狮，一旦它醒来，整个世界都会为之颤抖。是的，沉睡了百年的东方"雄狮"终于醒了，六十年的发展足以令世界震惊。享誉世界的大历史学家汤因比，在其《展望21世纪》中深刻地讨论了人、社会以及生命和宇宙的本质后预言：人类必将因为过度的自私和贪欲而迷失方向，科技手段将毁掉一切，加上道德衰败和宗教信仰衰落，世界必将出现空前的危机。而能够拯救21世纪人类社会的只有中国的儒家思想和大乘佛法，所以21世纪是中国的世纪。这位时年已达83岁高龄的耄耋老人甚至还说："如果有来生，我将在中国。"

世界伟人们将中华民族崛起的必然性归因为两千多年来薪火相传、生生不灭的传统文化与民族精神。这种厚重的文化内涵与精神在六十年的建设与发展中，在体制转型与发展经济的努力中焕发新的生机。2009年后的中国，将继续秉承厚德载物、自强不息的人文精神，将传统精神融入现代道德文明，努力构建和谐社会氛围，培育具有社会责任感的优秀企业。我们相信，只要一代代炎黄子孙不懈努力，我们的国家必将因此更加繁荣富强！我们的社会必将因此更加和谐美好！我们的人民必将因此更加幸福安康！

路漫漫其修远兮，传民族之魂，承中华精神，生生不息。

——摘自《盟集》2009年10月